De Principio a Film

Reseña y crítica cinematográfica

Prólogo

Entre 2017 y 2019 tuve la suerte de combinar mi residencia entre Monterrey, la CDMX, Guadalajara y Mérida. Andar a paso de mata trabajando en asistir en campañas publicitarias, dirigiendo TV, desarrollando proyectos audiovisuales con otros colegas o simplemente haciendo tiempo entre un proyecto y el siguiente, me permitió retomar el gusto por escribir reseñas y crítica cinematográfica, gusto que había iniciado en la revista *EnFilme* allá por el año 2011. En Mérida, la generosidad de Andrés Silva Piotrowsky me abrió no solo las puertas de su casa sino también las páginas de La Jornada Maya con una columna semanal a la que bauticé *De Principio a Film*.

Este libro contiene una selección de textos de ese periodo, incluyendo un par que se publicaron originalmente en la revista *EnFilme* algunos años antes gracias a la invitación de Sofía Ochoa.

Los artículos en este volumen no están presentados en orden cronológico. Se fueron agregando con la intención de propiciar una suerte de ritmo temático que es a todas luces, muy personal.

Sin duda hay también una necesidad propia de poner estos textos en un solo ejemplar y es la posibilidad que uno de estos textos acerque a una persona a una película que no haya visto. Eso ya logra el cometido.

Y parafraseando a Tarkovsky: "A book read by a thousand different people is a thousand different books."

Para Lucía, siempre. Hasta que terminen
los créditos, se prenda la luz y nos
quedemos sin palomitas.

1994 o los claroscuros de la verdad

Con el nacimiento del cine nace también uno de los debates más intensos que al día de hoy persisten alrededor de esta forma de expresión: la objetividad y subjetividad de un documento fílmico. Desde las primeras vistas que registraron la salida de obreros de una fábrica o la llegada de un tren a su estación, pareciera que la presencia de la cámara nunca más pasaría desapercibida en el mundo.

La lente, la cámara misma -y dicho esto de forma textual- ya crea una subjetividad. Su sola presencia sugiere el punto de vista y ordena, sin opciones posibles, lo que se debe ver. Establece las reglas y los límites formales para tratar el tema e impone normas de lectura a partir del estilo, el color, el uso de los espacios, la composición, el montaje, el sonido, la narración o la ausencia de ella.

El *cinéma vérité,* traído a la realidad por Jean Rouch a finales de los años 40 del siglo pasado, encuentra sus orígenes en la teoría del *cine-ojo* del enorme cineasta polaco-soviético Dziga Vertov, quien durante toda su carrera y obra fue persistente en la idea -utópica, por cierto- de que el cine debe siempre contar la verdad, idea que se nutre en una politización indiscutible de la actividad cinematográfica y que, bajo esa premisa, debe estar siempre al servicio del pueblo. Con el tiempo, la gran influencia de esta postura permearía sobre todo en el cine documental contemporáneo. Ahí es donde esa búsqueda de la verdad cobra real fuerza y sentido.

Diego Enrique Osorno, cuyos trabajos ya hemos tenido la oportunidad de compartir en este espacio (*La Muñeca Tetona, El Alcalde*) nos entrega a través de la plataforma NETFLIX su mas reciente serie documental titulada 1994. Así, con la marca de un año fatídico Diego Enrique se aventura a ponerle orden y sentido narrativo a un año que cambió la historia de México para siempre.

Sin necesidad de obligarnos a una estética disruptiva o grandilocuente, 1994 consigue, a través de entrevistas con los actores y testigos claves de ese año (Carlos Salinas, Rafael Sebastián Guillén Vicente, Federico Arreola, Othón Cortez, Vicente y Rodolfo Mayoral, Mario Aburto Martínez, Luis Donaldo Colosio Riojas, Alfonso Durazo, Marcelo Ebrard) mezcladas con impresionante material de archivo inédito, ponernos frente a frente con el absurdo y a veces doloroso escenario político y social en el que se desenvuelve este país.

La gran virtud de Osorno en este trabajo es que pareciera que su objetivo no es encontrar la verdad producto de una obsesión frenética y delirante. En su lugar, propone un lugar común, un espacio abierto y pone la carnada, hace las preguntas correctas, espera. Delimita el lugar y las fechas. Entonces la verdad, esa bestia policéfala se acerca lentamente vestida de pasamontañas y pipa pero también con el bigote finamente recortado, la cabeza calva y la sonrisa maquiavélica. Habla, nos cuenta de sus días en el poder, en ambos extremos del poder. Luego se esconde en una zanja de una finca y vuelve para mostrarse escurridiza, calculadora, de saco y corbata de periodista de izquierda pero de corazón neoliberal. Ahí nos hace partícipes de los chismes de los pasillos del palacio para después contarnos un cuento sobre un

México mejor que no llegó. Entonces pone cara de pueblo, cara de todos y nos dice que en lo más profundo de nuestro país nada ha cambiado y que lo que ha cambiado ha sido por culpa de las balas.

En cinco episodios vemos, pasmados, todo lo que ya sabíamos pero no habíamos podido hilar. Las piezas que no encajaban ahora embonan. Sin hacer juicios, sin atragantarse de ese festín de confesiones y medias verdades, terminamos con la certeza de que en las sombras, en los claroscuros de la verdad aún hay muchas que contar. Ojalá que más Osornos sigan echando luz.

Vice o el escondite de poder

El poder tiene mucha caras, muchos orígenes y muchas manifestaciones. Se define, según la Real Academia Española como "el dominio, imperio, facultad y jurisdicción que alguien tiene para mandar o ejecutar algo. Bajo ese entendimiento, en todas las sociedades hay constantes pugnas entre los grupos que las conforman -políticos, económicos, culturales, la misma sociedad civil, etc.- por la posesión y ejercicio de ese poder.

Y como quien ejerce el poder no es necesariamente quien lo detenta. Por eso, como forma de protegerse, las leyes en las sociedades fracturan ese poder para que solamente mediante su uso equilibrado, puedan alcanzarse resultados positivos y alejarnos en la medida de lo posible de las tiranías, las dictaduras o las oligarquías.

Pero, (siempre hay un pinche pero) toda esta teoría se rompe cuando en el enmarañado mundo del quehacer político surgen individuos que por su propia circunstancia y experiencia llegan a gozar de una visión distinta, digamos periférica, del andamiaje por el cual fluye y se concatena el poder. Estos individuos llegan a tener tanta influencia, tantas conexiones, tanto alcance que logran cambiar el rumbo de la historia, la mayoría de las veces para mal.

En Vice, Adam McKay (*The Big Short, The Succession*) vuelve con su mordaz, ácido y descarado estilo para contarnos la historia de Dick Cheney y su ascenso a las más altas esferas del poder económico, político y militar en el mundo. La historia de un hombre que en sus inicios no era más que un universitario borracho, un esposo atormentado por sus constantes fracasos, y que al final tuvo a su alcance, por mérito propio y por un (afortunadamente) breve periodo de tiempo, el poder absoluto.

Cuando en el año 1999 se anunció que George W. Bush había escogido como compañero de fórmula al CEO de la petrolera Halliburton, Dick Cheney, pocos sabíamos que este hombre ya había tenido un escarceo previo en la vida pública. Sin embargo, no dejó de hacerse patente la radiografía de lo que se aproximaba: la influencia del poder económico en las decisiones políticas del país más poderoso del mundo. Lo que siguió al triunfo de Bush fue algo digno de una pesadilla: la destrucción del WTC en Nueva York llevó a Estados Unidos a una invasión en Irak en busca de armas de destrucción masiva que nunca se encontraron, el derrocamiento del régimen de Saddam Hussein (regalo para el presidente Bush), y en consecuencia el nacimiento de ISIS y la repartición de los campos petroleros a las grandes compañías como Chevron, Shell y BP.

Tratar de contar cómo la película nos cuenta esta parte de la historia resultaría en un intento vulgar y muy pobre de mi parte aunque debo resaltar dos cosas. Uno, la actuación de Christian Bale es simplemente insuperable, punto. Y dos, el asombro que provoca conocer los (ficcionalizados, quizá) manejos de Dick Cheney para convertirse por un breve periodo en el hombre más poderoso del mundo es simplemente aterrador.

El cliché (y la experiencia) dicta que el poder absoluto corrompe absolutamente. Quizá deberíamos agregar otro que rece que el poder absoluto en las manos erróneas no solo corrompe absolutamente si no que destruye absolutamente todo lo que toca. Ese poder sin vigilancia, aplaudido y vigorizado desde la opinión pública es más peligroso que aquel al que se le confronta y se le cuestiona.

Vivimos tiempos singulares. Tenemos en nuestro país un presidente con buenas intenciones pero rodeado de colaboradores que hacen todo por encumbrarlo aún por encima de sus propios errores. Y todo aquel que cuestiona el ejercicio de poder de este presidente es llamado traidor, anti mexicano, fifí. La división está a la alza, el país se parte y el poder se esconde. No perdamos de vista la mano que en verdad lo detenta.

A Ghost Story o el arte de dejar ir

A veces no es tan fácil hablar de las películas. Como toda forma de arte, hay películas que se clavan profundamente en nosotros, aunque para otras personas pasen completamente desapercibidas. La subjetividad de la belleza de cada pieza cinematográfica suele basar su existencia en el cableado emocional de cada espectador y en el cúmulo de experiencias y lecturas que tenga cada quien en su bagaje. Y quizá por eso sea mejor hablar de las películas no en términos de que sean buenas o malas, si no desde el espacio donde emocionalmente son capaces de provocarnos algo.

A Ghost Story es una película que cautiva dese la primer secuencia. El director David Lowery logra juntar elementos que aunque son simples en su forma, la manera en que los hace trabajar permite la creación de un discurso complejo y una reflexión casi filosófica sobre la muerte, el desprendimiento, el tiempo y la pertenencia.

Estos recursos van moldeando una historia en extremo sencilla: C (Casey Affleck) un músico que se encuentra en una etapa de crisis con su pareja, M (Rooney Mara), sufre un accidente de auto y muere. Toma la decisión de quedarse en este plano a acompañar el duelo de su compañera y a través de este duelo deberá vivir el proceso de dejarla (y dejarse) ir.

Empecemos con la parte técnica: filmada en una relación de aspecto de pantalla de 4:3, este elemento nos remite a las películas filmadas en súper 8 mm, lo cual consigue referir que lo que estamos viendo son los recuerdos de

"

alguien. Luego tenemos la simpleza en la composición de los cuadros, pocos elementos que enmarcan la acción en tomas que se mueven poco y cuando lo hacen, se mueven con el objetivo de ocultar para luego revelar. Sin abusar del corte, la duración de cada toma sobrepasa el estilo clásico del armado de escenas y las tomas estáticas de más de un minuto siempre están ahí por alguna razón, haciéndonos esperar que algo suceda, y así sucede.

Imposible negar las referencias de otro cine en la propuesta de Lowery, desde la personificación del fantasma de sábana blanca, en clara referencia a Spirited Away de Hayao Miyazaki hasta el monólogo de Will Oldham (Bonnie Prince Billy, el mismo) haciendo un guiño tarantinesco que quizá, puede resultar lo más forzado de la película.

Pero aún con esos bemoles, la construcción dramática de la pieza nos permite involucrarnos emocionalmente en la historia del fantasma. Tras su muerte, C decide regresar a su casa y se convierte en mudo testigo del duelo de M. La acompaña, y aunque trata de confortarla, poco a poco se da cuenta que el proceso del duelo y de la partida es un proceso solitario, individual. Un proceso que inicia en el profundo dolor del desprendimiento y que mezclado con el paso del tiempo va dando lugar a la aceptación y finalmente al inicio de nuevos ciclos.

Y entonces lo entiende. Morir es irse. Es desprenderse del recuerdo que guardamos de nosotros mismos en la vida de los demás. Es abrazar la oscuridad y el dolor de los demás como nuestro. El vacío amoroso. Estás ahí en la casa, pero la casa se queda ahí para dar paso a algo más. Y luego viene el regreso y el aferre. Y C vuelve a vivir los principios y los finales y los descalabros y es cuando entiende que su presencia en las cosas y las personas que han dejado de ser, es lo que no lo deja irse.

El círculo se cierra cuando justo en el momento en el cual le sucede a C en la cinta, también nosotros llegamos a contemplar nuestra propia fragilidad, la temporalidad con la que pisamos este mundo, y nos damos cuenta que las personas y las cosas que habitamos y nos habitan pronto serán solo un recuerdo, un trazo a lápiz del pasado que nos ha hecho lo que somos. Y resulta imposible no preguntarse en ese momento ¿de cuántas personas que conocimos no somos ya más que un fantasma? ¿Apenas un recuerdo, un débil reflejo, el espectro de una cara que en otros momentos perteneció a alguien que no somos más, y que en otros días tuvo un rol completamente diferente al de una sombra?.

Termina la película y nos queda la idea de que entonces valdría la pena vivir de tal forma, que ese recuerdo en el vamos a convertirnos se quede con las personas que amamos por mucho tiempo, aunque sólo les hayamos amado durante un pequeño instante.

Un extraño enemigo o la *deconstrucción* de la memoria

Pero la pregunta más compleja de todas, en este caso es, sin duda ¿cómo podemos quienes no fuimos testigos de los hechos, aportar en la construcción de la memoria histórica de un país? ¿Cómo puede nuestro discurso convertirse en referente para nombrar y entender eventos a los cuáles no tuvimos acceso?

Gabriel Risptein (director también de la cinta 600 Millas) nació 4 años después de los acontecimientos del 2 de octubre de 1968 y al igual que toda su generación creció con el estigma de "no haber estado ahí". Cincuenta años después, con una sólida carrera como escritor, productor y director, desarrolla y dirige para Televisa y Amazon Prime esta serie que hace un recuento de los entretelones de la matanza de Tlatelolco.

Ahora bien, sugiero que entendamos el término *deconstrucción* desde el post-estructuralismo que lo refiere como el acto de "analizar las estructuras sedimentadas que forman el elemento discursivo, la discursividad filosófica en la que pensamos". Al carecer de versiones fidedignas, hemos apelado durante 50 años a las comparativas. Nuestro acercamiento general de aquel periodo pasa por el análisis más acucioso de las notas periodísticas de la época, pasando por la narrativa y la crónica sentimentaloide *a-lo-Poniatowska*, hasta la crítica más dura y transparente del movimiento por parte de politólogos, escritores y testigos directos como Luis González de Alba.

Toda esta marea de datos -esta estructura sedimentada- a veces contradictorios, a veces falsos, a veces imposibles de comprobar pero con una dosis de probabilidad innegable han labrado en el imaginario colectivo una versión de los hechos con la que hemos convivido y de la cuál hemos extraído posturas y banderas.

Gabriel Ripstein, rodeado de un equipo puntual de asesores, investigadores y escritores, utiliza gran parte de esta montaña de datos que siempre han estado ahí y nos entrega una versión en pantalla de los hechos que es sin duda, digna de todo reconocimiento.

Fernando Barrientos (Daniel Giménez Cacho) es el jefe de la Dirección Nacional de Seguridad y en su lucha por proteger e impulsar la carrera de su jefe por la Presidencia, el Secretario Luis Echeverría, infiltra y manipula el movimiento estudiantil para lograr desestabilizar el país previo a las Olimpiadas. Esto le dejará la mesa puesta a su jefe para llevar a cabo las negociaciones con el CGH y conseguir así la bendición presidencial para ser elegido el sucesor.

Con una precisa mezcla entre ficción y datos duros, Ripstein logra convencernos de su metahistoria: Barrientos se vuelve un ser humano obsesionado con su labor, preocupado por su familia y desesperado por no poder cuidar su casa chica, Echeverría es más que un político simplón, es un hombre obsesionado con el poder, Díaz Ordaz deja de ser la personificación del mal que nos hemos vendido durante décadas para presentarse ante nosotros como un hombre débil y temeroso de perder el poder, los estudiantes dejan de ser los receptáculos cuasi angelicales de la justicia nacional para convertirse en simples muchachos llenos de contradicciones y miedos, pero con ganas de cambiar para bien el país donde viven.

Esta fórmula es la que vuelve este relato cercano, digerible y personal. El CGH, hasta ahora impenetrable y oculto en la niebla de la historia de pronto tiene voz y esa voz suena a nuestros primos, a nuestros hijos, a nuestros amigos. El país de ese 1968 deja de ser un recuerdo impreso en blanco y negro con encabezados trágicos para dar pie a un dolor vivo y a una paz que se siente como cicatriz y sanación.

Aunque quizá la serie termine siendo una aporía de si misma, poco importa. Finalmente podemos ver en pantalla aquello de lo que no se hablaba, lo que no se podía filmar, lo que era solo un quiste histórico irresuelto con el teníamos que vivir. Finalmente, la reconstrucción a través de la ficción del evento más innoble que haya acontecido en este país, nos abre la puerta para observarnos, entendernos y abrazarnos.

Anima o la empresa que recupera los sueños perdidos

Hace unos días en un artículo publicado por AEON Magazine, Daniel Yon hacía el recuento de un curioso caso ocurrido en Escocia en 1457, donde se realizó un juicio a un cerdo y a sus crías por haber atacado y matado a un bebé humano de 14 meses. El cerdo fue condenado a muerte mientras las crías fueron regresadas a su granja bajo el argumento de que no tenían la edad suficiente para discernir que el acto realizado era un acto deliberadamente malo.

Lo interesante de este caso es como nos lleva a reflexionar acerca de lo complejo que es para nuestro cerebro seguir el paso de los eventos más simples y cotidianos y como nuestra sociedad está construida en supuestos que todos nombramos como verdad. Esa verdad se constituye en una serie de normas no escritas que terminan condicionando nuestro comportamiento. Contestar un mensaje de whatsapp a las 3 de la mañana o el último correo electrónico de un jefe obsesionado con el último proyecto de la compañía se ha convertido en norma y se ha convertido en una amenaza.

Son precisamente esos supuestos los que cuestiona Thom Yorke de la mano de Paul Thomas Anderson en el poderoso film Anima, estrenado hace unos días por la plataforma de streaming NETFLIX.

Esta pieza de apenas quince minutos utiliza como línea narrativa tres canciones del nuevo álbum de Yorke -que lleva el mismo título- y con la genialidad visual de Paul Thomas Anderson logran un trabajo de dimensiones dignas de nuestros tiempos: caos, indeterminación, alienación, rutina, el triunfo de la tecnología sobre nosotros mismos, nuestro futuro promisorio convertido en un cerdo adulto devorando nuestras entrañas.

El cortometraje ocurre entre la ensoñación de la rutina y representación de algo oníricamente cercano a nosotros. Una coreografía que nos cuenta a través de copias e interpretaciones de nuestra cotidianidad y de nosotros mismos la pérdida de aquello que nos vuelve humanos: la capacidad de soñar, de conectar con el otro, de ser empáticos hacia los procesos de los demás.

Para lanzar su álbum, Yorke recurrió a un ardid publicitario colocando anuncios en el metro de Londres publicitando una compañía llamada Anima, dedicada a ayudar a las personas a recuperar los sueños. Si alguien intentaba ponerse en contacto a través del número proporcionado, un mensaje respondía al otro lado de la línea diciendo que el gobierno había intervenido Anima, obligando a la compañía al cese de toda actividad empresarial.

El metro de Praga es el escenario, la coreografía de Damien Jalet es el vínculo unificador, y la música de Yorke contiene el mensaje. Un trabajo que extiende las fronteras de lo meramente cinematográfico y convierte la genialidad de Paul Thomas Anderson en una parte del rompecabezas que se dirige sin miedo a una generación que habla en ese nuevo lenguaje.

La rapidez de nuestro día a día nos impide dedicar tiempo a cuestionar absolutamente nada. El exceso de información en todos los medios nos impide romper la espesa niebla de basura que respiramos todos los días en forma de datos, de ofertas, de la misma foto de instagram de todos los días, de nada. Y justo de esa misma manera, llega un trabajo que madurará con el tiempo, que será precedente de otros trabajos, que será inspiración para otros artistas que, esperemos, nos alumbrarán en este complejo tiempo que nos tocó vivir. Con fortuna nos animarán a actuar antes de que el cerdo y sus crías terminen con nosotros.

Tres anuncios afuera de Ebbing, Missouri o la cercanía con la barbarie.

Los que como yo trabajan desde casa, sabrán que uno va desarrollando cierto tipo de habilidades que nos permiten por ejemplo, poner una carga de ropa en la lavadora y al mismo tiempo sostener una conferencia con un compañía productora instalada en otro país, o empujar el carrito en el súper mercado mientras participas atentamente a una junta de preproducción para una nueva campaña publicitaria de helados con los colegas en Monterrey, CDMX y Santiago de Chile vía *Skype*, todo al mismo tiempo.

Esto viene a colación porque ante la cantidad de actividades que se entretejen a lo largo del día, aún queda suficiente tiempo para ir al cine, y si tienes vales de 2x1 y estás en la -mal llamada- *temporada de premios,* qué mejor.

Frances McDormand es una de esas actrices que simplemente no pueden no gustarte. Es de las pocas que pueden presumir ostentar la triple corona de la actuación (un Oscar, un Tommy y un Emmy en su vitrina) y que además es conocida por la humildad de su trato y lo poderoso de los proyectos en los que se involucra. Yo me enamoré de ella en Fargo, de los hermanos Coen y en su nuevo trabajo, *Three Billboards Outside Ebbing, Missouri* no me queda más que hacer una sentida reverencia a su trabajo actoral y agradecerle al director Martin McDonagh por traerle a la pantalla con esta historia.

En Ebbing, Missouri, Mildred Hayes (McDormand), después de no ver avances en la investigación policiaca sobre la violación y asesinato de su hija adolescente Angela, decide contratar tres anuncios espectaculares en las afueras del pueblo para cuestionar a la policía local su paupérrima actuación en el caso. Este hecho despierta los demonios internos de una comunidad que se siente atacada una vez que se vuelve evidente lo cercanos que están a la barbarie.

El sujeto de los cuestionamientos es el jefe de la policía Willoughby, un Woody Harrelson preciso, que abrumado por el poco alcance en las investigaciones y una enfermedad terminal decide quitarse la vida, dejando un hueco de poder en un sitio donde la ley es sinónimo de complacencias.

A mi el director McDonagh ya me había hecho reír mucho con *Siete psicópatas,* pero lo que logra en esta nueva entrega es de un escozor épico. Por un lado nos hace agradecer el coctel de fortaleza, vulnerabilidad y profunda tristeza de un personaje femenino que pinta para clásico del cine y por otro, nos hace sentirnos avergonzados de nosotros mismos por reírnos del gusto de ver una estación de policía arder en llamas. Nos hace enfrentarnos al morbo propio y cuestionarnos lo que precisamente se denuncia en la cinta: la absurda simplicidad con la que los poderes fácticos y a veces nosotros mismos tratamos de explicar el mundo.

Mildred sabe que su su hija muerta no va a volver, pero también sabe que exponer el caso de manera pública debe, forzosamente, desencadenar una reacción que quizá la lleve a encontrar al perpetrador y obtener justicia. Así que con miedo pero sin otro deseo más que ese, el de la justicia que no llega, hace la denuncia pública asumiendo cualquier consecuencia y cualquier enseñanza, independientemente del demonio que la traiga: puede ser el ex marido golpeador, el policía alcohólico racista, el tibio administrador de los anuncios publicitarios o el no deseado cómplice convertido en cita semi romántica.

A mi en ese momento me pasa por la cabeza: ¿qué pasaría si en México hiciéramos lo mismo? Exponer a la autoridad, exigir cuenta cabal de nuestros muertos y nuestros desaparecidos, señalar en todos los espectaculares de todas las ciudades a los responsables de los ministerios públicos que solo trabajan de 10 a 4, a los policías investigadores que le preguntan a las mujeres que han sido violadas que por qué andaban solas en la noche, a los jueces y ministros que sentencian ciudadanos comunes por el cargo de difamación a una empresa constructora coludida con funcionarios de gobierno, a los abogados corruptos, presidentes municipales, gobernadores, diputados, coyotes, secretarios de Estado...

El problema es que en México, a diferencia de Ebbing, Missouri, pareciera que estamos mucho más cerca de la barbarie de lo que nos atrevemos a imaginar. Acá ya ni siquiera la ley está de nuestro lado, pues de seguir las cosas como van, dentro de poco será delito en todo el país hacer un comentario a los tuits de AMLO, un chiste sobre la forma de pronunciar el apellido Meade o siquiera señalar las intrincadas relaciones empresariales del jovenazo Anaya en Querétaro. ¿De qué se le acusa? De hacer memes, señor juez.

Y carajo, política aparte, en un país donde desaparece una persona cada noventa minutos y al final del año 2017 sumamos la vergonzosa cantidad de 33 mil desaparecidos*, creo que nos quedamos cortos de anuncios espectaculares donde pedir cuentas.

*Registro Nacional de Personas Extraviadas o Desaparecidas. RNPED / datacivica.org

At Eternity´s Gate o Van Gogh sobre Van Gogh

Vincent Van Gogh es quizá una de las figuras más icónicas en el mundo de arte. Su personalidad y su historia no solo cubren una de las aristas más populares y conocidas, también se eleva desde siempre en una nube de misticismo romántico que envuelve a todo aquel que se acerca a su vida y a su obra.

Provisto de altas dosis de tragedia, de locura, de miseria y sobre todo de genialidad, Van Gogh encarna el popular figurativo del artista máximo que sufre en vida y que desde ese sufrimiento crea una visión maravillosa del mundo. Terrible disminución de la verdad que la cinta *Van Gogh: a las puertas de la eternidad* del director Julian Schnabel se encarga de desmontar. Y no porque la vida de Vincent Van Gogh esté ajena del sufrimiento, de miseria o de locura, si no porque Schnabel logra destruir el romanticismo alrededor de esta idea.

Ver la película de Schnabel es ver un pintura de Van Gogh. Al principio es confusa. Los movimientos de cámara, los encuadres, el uso del foco intencionado en ciertos lugares del cuadro donde se nos sugiere prestar atención. Luego vendrá la superposición de las capas de audio, diálogos que acabamos de escuchar y que se repiten, planos sonoros que subjetivamente y sin separarse de la estructura narrativa nos meten en la cabeza de Van Gogh no para ver aquello que piensa, si no para sentir cómo piensa. La misma cámara está intervenida con filtros que deforman la imagen para darnos siempre la lectura de la visión de Van Gogh, única e irrepetible. Y en medio de todo esto, los momentos de soledad y la narración del pintor nos lleva de la mano a lugares de imposible belleza. El mundo con todos sus defectos, su maldad, su egoísmo, era para Vincent la oportunidad constante de encontrar la belleza y, a través de este tortuoso ejercicio llegamos con él a la conclusión que el arte no es otra cosa que la expresión de la divinidad. El arte nos muestra lo que intuimos que está ahí pero que somos incapaces de comprender de otra manera.

Para lograr esto, Julian Schnabel necesitaba rodearse de talentos a la altura de su misión, y la caracterización e interpretación que realiza Willem Dafoe es absolutamente genial. Quizá el actor más versátil de su generación y uno de los más dotados en cuanto a recursos técnicos y método actoral, nos brinda la generosa oportunidad de enamorarnos del proceso creativo de un genio, pero sobre todo, nos regala con su actuación las herramientas para hermanarnos con con el sufrimiento y con esa terrible angustia que invade a quien se siente solo en medio del caos de mundo, con aquellos para quienes su voz y sus palabras no significan más que incoherencias para el resto de nosotros, con aquellos que ven más allá que todos pero son incapaces de explicarnos lo que ven.

Romantizar la locura o el sufrimiento como requisito indispensable para crear arte es tan nauseabundo como encumbrar charlatanes que se hacen llamar artistas. Ambas cosas nos alejan del verdadero sentido y propósito de una obra y agregan paja a la discusión. Aunque hay muchos artistas que sufren a lo largo de su vida y de sus procesos creativos, ni todos los que sufren son artistas ni todos los artistas sufren. Y este enunciado tomado como conclusión después de ver una apuesta tan bien realizada como la película de Schnabel cobra un significado claro y rotundo. La película es en sí misma una pieza a la que vale la pena acercarse con los ojos abiertos. La vida de Van Gogh, un artista irrepetible, sirve de referencia, guía y sobre todo, brújula para no perder de vista las cuestiones más fundamentales de la vida: la libertad, la amistad, la integridad, la compasión y el amor.

Touch of Evil, la grandilocuencia del genio y la profética del cine

> *-Quinlan: Read my future*
>
> *-Tanya: You haven't got any...*
>
> *-Quinlan: Huh?*
>
> *-Tanya: Your future's all used up.*
> *Why don't you go home?*

Este año se cumplen sesenta del estreno de Touch of Evil y hace cinco escribí este análisis sobre esta misma obra que hoy me permito revisitar, revisar y compartir.

Orson Welles es un genio pero a la vez, es un ícono cultural que se va esculpiendo y redefiniendo con el paso del tiempo. La imagen que se tuvo de él en los años sesenta y setenta no es la misa que se tiene ahora. En aquel entonces se pensaba en Welles como el talento cinematográfico grandilocuente que había caído en desgracia por una película "mal filmada" hace ya sesenta años, Touch of Evil. Hoy en día se le ve como una de las influencias más notables y sólidas en la cinematografía mundial por esta misma cinta.

La historia detrás de la historia es más o menos así: al terminar de filmar y editar Touch of Evil, Welles le cedió una copia de trabajo a Universal de 108 minutos. El estudio la reeditó y pidió a Welles hacer nuevas tomas, a lo que Welles se negó. El estudio se encargó de ese trabajo y de una nueva edición de 93 minutos e hizo un *screening* al que asistió Welles. Después de este *screening* Welles escribió su famoso memorándum de 58 páginas con notas sobre cómo debería editarse el filme. Obviamente el estudio hizo caso omiso y estrenó la cinta como una película B, en tanda doble.

En 1975 Universal descubre la copia de trabajo de Welles y hace un reestreno de la película, y ahí empieza a descubrirse el verdadero valor de la cinta. En 1996, Walter Murch (sí, el mismísimo editor de *Apocalypse Now*, *The English Patient* y gurú de cada editor nacido despúes de los años sesenta) llega al famoso memorándum de Welles y utilizando todo el material disponible de la cinta y, por supuesto, siguiendo al pie de la letra el memo de 58 páginas, reedita *Touch of Evil*, dándonos la versión más cercana a lo que Orson Welles buscaba. Antes de iniciar con el proceso de reedición, el mismo Murch dijo: fue como recibir un telefonazo de Dios pidiendo que le hagas cambios a la Biblia.

La diferencia entre una versión y otra es sustancial. En la versión de Murch-Welles existe un instinto autoral más profundo que se manifiesta cuando, por ejemplo, permite que los personajes de Janeth Leigh y Charlton Heston crezcan separados casi durante toda la cinta, o cuando elimina la música de Henry Mancini y los créditos de la secuencia inicial, consolidando uno de los mejores planos secuencias jamás filmados.

Algo de lo que es imposible escapar en Touch of Evil es el carácter profético que muestra en diferentes niveles.

Algunos dirán que son felices coincidencias, sin embargo, habrá también que atribuir este fenómeno a que Welles no era un cineasta cualquiera.

En primer lugar, Orson Welles fue un artista completo, teórico de su medio con un dominio absoluto de la técnica, además de experto investigador con un instinto tremendamente desarrollado para mostrarnos verdades que en esa época eran difíciles de abordar. Pueblos fronterizos como Tijuana eran sitios sin ley y la que había, era la de los grupos criminales. No fue si no hasta 1952 que Baja California fue anexado como Estado a nuestra querida República Federal, y antes de eso era controlada por militares mexicanos, caciques, productores de opio y dueños de cabarets, casinos y burdeles. Situar la historia en un pueblo fronterizo, espejo de la Tijuana de aquellos años confirma la capacidad de Welles para escoger sus escenarios de forma asertiva, al punto que logra ficcionalizar con sentido casi documental una realidad que entonces ya era apabullante. Al paso de los años, las palabras de Vargas (Charlton Heston) son referencia obligada como cuando dice: "all border towns bring out the worst in a country" y en nosotros como espectadores, llega de inmediato la imagen de Tijuana y el narco, Ciudad Juárez y los feminicidios, Nuevo Laredo y el fracaso y colapso del gobierno o Ciudad Hidalgo y las terrible s historias de las víctimas de la migración centro y sudamericana que llega por México. Si las palabras del guión se vuelven exactas para describir una realidad, lo son más aún, sus imágenes.

Luego viene la parte profética, una más personal, esa que le pertenece a Welles y sólo a él. Hay un diálogo con Tanya (Marlene Dietrich, siempre genial) que le anuncia a

Quinlan la ausencia de futuro. Después de *Touch of Evil*, Orson Welles no volvería a dirigir dentro del sistema de estudios y se convertiría en un director apestado con proyectos que iban desde cortometrajes sin importancia, programas de televisión que nunca fueron un reto para su genialidad (como Orson Welles' Sketch Book o Around the World With Orson Welles) y películas que intentaron ser botes salvavidas como The Trial. ¿Qué sucede con el genio que no cabe en un sistema? Quizá la única manera de responder esta pregunta es dejar que el tiempo siga su curso y sigamos jugando a hacer lecturas diferentes de su obra. De esa manera, quizá podamos seguir descubriendo las profecías encriptadas en las imágenes de Orson Welles.

En la historia de la cultura occidental la representación del héroe ha tenido una estructura más o menos reconocible en todas las expresiones artísticas. Aún con los propios minuendos de cada disciplina, en general somos capaces de reconocer esa estructura básica: todo héroe se enfrenta a un conflicto, y al enfrentarse a éste y resolverlo termina convertido en otra persona. Tal estructura, basada fundamentalmente en la poética de Aristóteles, sirve como base para reforzar, a lo largo de generaciones, los valores fundamentales sobre los que descansa la sociedad. Es por eso que todos nuestros héroes son representaciones humanas de esos mismos valores (o antivalores) y cada expresión artística los mezcla de forma que aquellas historias que surgen, se integran a nuestra memoria colectiva y las convertimos en nuestras guías morales.

Lamentablemente la nueva entrega de los estudios Marvel sobre la saga de los Avengers, *Infinity War,* con lo único que cumple de dicha estructura es con la fastuosidad del apocalipsis, la grandilocuencia de los efectos especiales y el deseo del estudio de que cueste lo que cueste (y le ha costado mucho), había que lograr una de las películas más taquilleras de la historia.

En un muy tedioso ejercicio que hace desear tener la gema del tiempo para adelantar la película y librarte de los diálogos de cartón y los chistes seguidos de su silencio respectivo (para que el respetable se ría, obvio), desfilan ante nosotros una ristra de héroes que ya no lo son. Ahora, si a caso, son un colectivo hípster de superdotados corporativos al servicio de sus propios intereses, incapaces de ver más allá de sus convicciones y reacios a poner en duda lo que son a cambio de salvar al universo.

La película de los hermanos Anthony y Joe Russo es fastuosa y sería necio negarle la factura. Pero a este nivel, la factura resulta completamente intrascendente cuando a lo largo de dos horas y media solo recibimos el mensaje de que el heroísmo ha sido institucionalizado, y que sus actividades son reguladas por los dueños del mundo, es decir por ellos mismos.

Ellos deciden y si el resto de la humanidad no está de acuerdo, poco importa. La preservación del status quo es primordial para que su propia existencia tenga sentido. Lejos quedaron las razones que los hacían pelear por la justicia, por la bondad y por la paz. Ahora lo único que importa es la administración del conflicto y guardar fuerzas para las batallas importantes.

Cooptados y avalados por sus propios logros y errores, este grupo de superhéroes se convierte miserablemente en sus propios peones, en la verdadera amenaza. Defensores del *status quo,* terminan dándole la razón al paternalista y romántico ultravillano Thanos (ese que quiere salvar al universo aniquilando a la mitad de la vida en el universo) junto con todas las oportunidades para lograr su objetivo.

Recuerdo a los héroes de mi niñez y recuerdo que en todos ellos estaba siempre presente la idea del autosacrificio, estar dispuestos a hacer aquello que solo es alcanzable para quien está preparado para renunciar a todo lo que se tiene y todo lo que se es para lograr el bien común. Ahí cabía la posibilidad de la derrota, por supuesto, pero si la derrota venía desde del sacrificio máximo, entonces el verdadero heroísmo se hacía presente.

Y es una lástima porque en esta cinta, la depredadora máquina del dinero hollywoodense trata de engañarnos con el truco de la muerte de la mitad del panfletero cartel de héroes, pero solo para dentro de un año, con un tronar de dedos, meter de nuevo la mano entera en nuestros bolsillos y entonces nos contará, con otro golpe de efectismo visual y hueca retórica, como hasta la muerte se resuelve con una buena dosis de capitalismo bien invertido.

Se hecha de menos a Kalimán, a Chanoc, a Dantes y al conde de Montecristo, a Emilio de Roccanera, a Han Solo, héroes que en su universo no libraron la muerte, pero que lograron inmortalizar la idea de la transformación del hombre común. Aunque quizá debería decir que lo que más extraño es la emoción que me provocaba saber que quizá, bajo una circunstancia extraordinaria, existía la posibilidad de convertirme yo también en héroe, aunque fuera por un momento breve y necesario para la humanidad.

Después de esta película me doy cuenta que es triste ver como una generación entera ha perdido el heroísmo en el cine y que lo recordará únicamente como el subproducto de una maquinaria capitalista cuyo mayor logro es vender palomitas.

Avengers: Endgame o la infantilización cinematográfica

Antes de que las huestes defensoras del universo cinematográfico de Marvel se lancen en contra de este colaborador y de este diario, refugio de la verdad y campeón del periodismo honesto, debo aclarar que la película *Avengers: Endgame* es una verdadera joya del entretenimiento audiovisual masivo. Hollywood *at its best*, la pura crema de la pantalla grande veraniega, el Juan Camaney del box office, blockbuster de los mil millones como mínimo.

A nivel técnico poco o nada hay que reprocharle. La cargada del ejército formado por cientos de los mejores artistas audiovisuales de la industria hacen gala de sus talentos (y de su acceso a un presupuesto tan infinito como las gemas de la película) en cada una de las secuencia que forman esta fabulosa orgía visual y sonora de tres horas de duración: ningún detalle sobra y cuando parece que sí lo hace, los conocedores y los expertos nos aclararán que está ahí para cerrar alguno de los cientos de círculos narrativos que habría dejado la trama a lo largo de 11 años y 22 películas.

Porque ojo, en un esfuerzo de este calado nada es fortuito. Ni los guiones, ni las actuaciones, ni la selección de personajes que desaparecen, mueren, se sacrifican o regresan. Todo responde a esta enorme maquinaria llamada Hollywood la cual a través de Marvel ha creado una de las franquicias más rentables de todos los tiempos y un nuevo subgénero cinematográfico.

La llegada de Iron Man en 2008 encarnado en Robert Downey Jr, un actor considerado de riesgo en aquéllos años y de la mano del director John Favreau, quien en ese momento tenía a sus espaldas el estigma de un par de fracasos cinematográficos previos y se enfrentaba quizá a la última oportunidad de su carrera, vino a salvar de un tajo a un estudio a punto de la quiebra. El drama detrás de la construcción de la historia, la humanización del personaje, la madurez y sentido adulto con el que siempre se le permitió hablar al súper héroe vino a convertirse en la clave para la creación del eslabón emocional con toda una generación de fans que dejaron de ver las películas de súper héroes extraídos de los cómics como mero entretenimiento infantil.

El proceso de utilizar a estos personajes -The Avengers- como vehículos para la renovación de mitos y arquetipos sociales comienza a entrelazarse a lo largo de la saga con los obvios intereses económicos y mercadológicos propios de la industria y quizá, debido a eso, el buen drama adulto que le caracterizó en un principio basado en una serie de buenos guiones fue diluyéndose poco a poco para dar soluciones cada vez más simples (viajemos en el tiempo y arreglemos todo), como suavizar e infantilizar a los personajes ("come tu ensalada", le aconseja su madre a un Thor panzón e inmaduro) haciendo que ese vínculo logrado con una audiencia adulta se fracture.

Pero ya advertimos que en un esfuerzo de este calado nada es fortuito. Esa audiencia adulta ha cumplido con su cometido el cual era poner miles de millones de dólares en los bolsillos del estudio. Ahora, una nueva generación más joven está lista para la siguiente etapa y para empezar de cero con nuevos personajes, nuevos actores, nuevos dramas, mismos mitos y mismos arquetipos sociales.

Para los que con el final de Endgame nos quedamos fuera de la partida -para mi, al menos- nos quedará un sabor agridulce. Voy a recordar con cariño a ese Iron Man que subía strippers a su jet privado mientras se debatía entre salvar al mundo o salvar su contrato con los militares y que termina convertido en el Iron Man que se sacrifica para dejarle un mundo a su hija y que sea ella, y aquellos que se quedan, quienes hagan el esfuerzo de salvarlo, de hacerlo mejor.

Nuevamente, esta infantilización cinematográfica viene para recordarnos el significado de las nuevas generaciones, del proceso que viene y de los momentos en los que nos toca aprender que su paso es inalterable y no se detiene, tal como en su momento, no se detuvo el nuestro.

The Shape of Water o todos los monstruos, el monstruo

Cuando empezó el mes de diciembre del año pasado yo apenas aterrizaba en Mérida con la firme idea de descansar por lo menos un mes, pasar tiempo con mi familia, cargar la pila, dejarme envolver por el terrible frío peninsular de 25 grados celsius y esperar que el año arrancara con las chambas habituales. El destino quiso otra cosa y haciendo la historia larga corta, acepté viajar de nuevo a un par de proyectos fuera de la ciudad. Esa pequeña distracción me sacó de la posibilidad de ir al cine y me salvó, de cierta manera, de la ignominia de tener que procesar las *fiestas decembrinas* -y dejar asomarse la misantropía que me envuelve de verde y rojo en esas fechas- pero a cambio, me puso en un estado frenético para asistir dos proyectos de campañas publicitarias que, ahora que lo veo con mayor claridad, hacen que siempre se me salga el monstruo.

El monstruo, pienso yo, no es bueno ni malo. Depende de la circunstancia. Sin embargo es un monstruo. Tiene cara de perro enojado, pero mueve la cola. Grita en los momentos oportunos pero cuenta chistes. Es impredecible, pero siempre saca la chamba. Un hijo de puta, pues. A mi no me cae mal, pero a lo largo de los años he encontrado que a mucha gente le incomoda muchísimo verme en ese estado. Prefieren el *mi* más humano, más sonriente, más accesible.

Me doy cuenta también que este asunto de los monstruos internos es una generalidad: todos tenemos uno y más o menos con cierta frecuencia lo dejamos salir a pasear libremente sabiendo las consecuencias que implica. Yo respeto mucho esos momentos. La vida que vivimos, honestamente no da para menos.

Pero una vez terminado el arranque prematuro del 2018, regreso a casa y finalmente puedo ir al cine. Me toca ver *The Shape of Water* (Guillermo del Toro, 2017). Aquí, *Signore* del Toro nos regala una pieza acuática de una belleza perturbadora. Podría hablar ahora de todas las bondades estéticas, la perfección de la técnica, la meticulosidad jazzera del soundtrack, los homenajes escondidos, las referencias, pero como todo eso es subjetivo a responde a lo que cada uno considera bueno o acertado (ya hay hasta quien lo acusó de plagio, ¡ja!) me quedo con una sola cosa: el monstruo.

Y es que del Toro, con una mano con más de 25 años creándolos, perfeccionándolos y compartiéndolos, y un ojo que sabe verlos y contarlos nos dice que está bien añorar, tener, querer ser, amar un monstruo. Nos dice cuán necesarios son para separarnos de la caótica marea de mierda de este mundo, nos cuenta de sus poderes de sanación, de la compasión de la que se alimentan, de la irreductible fuerza amorosa que motiva sus acciones. De alguna manera, nos enseña a amar a los monstruos ajenos, y con eso nos señala lo importante que es amar los propios, procurarlos, alimentarlos, escucharlos, aprender de ellos.

Miro en el calendario los meses por venir y siento un desconsuelo mayúsculo en los pantanos más profundos de mi alma. Mis oídos sangran con la canción del movimiento naranja. Los planteamientos de las sabandijas que van a gobernarnos a partir de diciembre cada día me parecen más descaradas y ofensivas. Los que se hacen llamar independientes solo porque renunciaron a sus mafias cuando no les dieron lo que quería me parecen los peores de todos. Llamo a mi monstruo interior, lo convoco, le pido ayuda. Mi monstruo me dice que él se encarga, que todo va a estar bien. Que esa bestia llamada política mexicana tiene sus días contados.

Con esa certeza, me dispongo a disfrutar de este invierno peninsular. Leo el periódico: al precandidato del PAN a la alcaldía de Mérida lo detienen en el retén por conducir en estado de ebriedad. Eso sí: los monstruos no deberían manejar. Punto.

Barton Fink o el triunfo del hombre común

No nos sirve de nada saber si los hermanos Coen escribieron Barton Fink en tiempo récord. Los datos curiosos y la trivias de set no podrán agregar mucho a un trabajo peculiarmente macabro y robusto como éste. En esta película los Coen crean magistralmente un personaje que es llevado a una lucha intestina entre los parámetros del artista puro y los callejones sin salida del *mainstream* de Hollywood. Aquí, se trata ser testigos del vuelco intelectual que padece Barton Fink en su búsqueda del arte.

Al inicio de la cinta, Barton -un escritor de reciente éxito teatral en la escena de Nueva York en 1941- es cuestionado sobre la posibilidad de dejar la ciudad por un periodo de tiempo para trasladarse a Los Ángeles a escribir películas. Ante esto responde: *"...si huyo a Hollywood, podré estar haciendo mucho dinero, yendo a fiestas, conociendo a los grandes del medio, claro; pero me estaré extrayendo a mí mismo de la fuente de este éxito, me estaré extrayendo del hombre común."*

Es desde este conflicto (que confirma a Barton Fink como un personaje atormentado por sus incongruencias pero responsable y arriesgado como artista) que arranca su travesía por derroteros que se antojan referencias esenciales en la filmografía de los Coen: el conflicto interno como motor o como condena. Pero ¿triunfa el hombre común del que hablan los Coen a través de Barton Fink?

Cortar cabezas.

La construcción narrativa de los Coen tiene tal fuerza que no deja terreno para las concesiones. El desequilibrio emocional de Barton y la consistencia del dilema artístico que surge a su arribo a Hollywood es simplemente genial. El Hotel Earle donde se hospeda nuestro héroe cobra vida y se manifiesta como la *para-realidad* de los abismos internos del escritor: solitario, habitado por sombras, polvoriento, lleno de misterios preconcebidos y de un tintineante acento psicológico que brota -literal y visualmente- de las paredes, los techos y los recovecos.

El pasillo lleno de pares de zapatos de hombres comunes que Barton nunca ve, el mosquito que anuncia la muerte noche tras noche, la mujer en el cuadro que cuelga de la pared de su cuarto como sirena que le canta y lo distrae; todo esto se vuelve una manifestación, un reflejo de su incapacidad de resolver su propios acertijos.

Tratamos de entender la pena que sentimos por el vecino de cuarto, Charlie (John Goodman fabuloso), un gordo bonachón vendedor de seguros, opacado por su circunstancia de "hombre común" y tremendamente ansioso por contarle a Barton todas sus historias. ¿De qué historias se trata? ¿sobre cómo descuartizar a sus víctimas? ¿los secretos para vender una póliza de seguro de vida en 10 minutos? o ¿cómo empaquetar cabezas en cajas de cartón que apenas dejen un rastro de sangre?

En esta *para-realidad* cabe entonces cualquier teoría: o Barton está perdiendo la razón por culpa del *writer's block* o simplemente su búsqueda del *arte vivo* para las masas lo ha llevado por un laberinto del que no escapará jamás a menos que pierda la cabeza, es decir, que deje de pensar, de intelectualizar.

Hombres en mallas / Men in tights.

Aunque la referencia se entiende claramente no está de más hacer hincapié: la encomienda de Barton Fink de escribir una película sobre luchadores encuentra su punto débil en el hecho de que él mismo jamás ha visto una. Su lucha personal con la imagen inmediata, tiene qué ver con su compromiso hacia el oficio de escritor. Más allá de eso, su labor como testigo y narrador de su época se desmembra (y él lo sabe bien) cuando se enfrenta a un universo desconocido (Hollywood) y se topa de frente con su nula capacidad para enfrentar la soledad autoral.

Barton sólo es capaz de escribir calzando los zapatos del hombre común que tanto anhela retratar, pero que en Hollywwod no lo encuentra. Lo más cercano a eso es un asesino serial, dos policías fascistas, un productor de Hollywood autoritario y mercenario, un escritor reducido a su versión más ridícula posible y a su mujer esclavizada. Se aísla como Odiseo poniéndose tapones en las orejas para evitar el canto de las sirenas, pero todo es inútil. Cada símbolo dentro de la película cumple con su función de acercarnos más al centro del caos, donde la única solución posible es que Barton se abandone.

Cada uno escoge su propio veneno, dice él mismo un par de secuencias antes de despertar en la cama con el cadáver ensangrentado de una mujer. Es a partir de esta representación de la muerte de su propia intelectualidad que tiene lugar el nacimiento de su instinto como escritor, ese que le permite finalmente, romper sus encierros (*tights*) para entrar a la lucha cuerpo a cuerpo contra sus decisiones. Barton termina el guión y se lo muestra al ejecutivo de Capitol Pictures (algunos alegan referencias a Louis B. Mayer, magnate productor de la Metro Goldwin Mayer de la época), el mismo productor que al principio de la cinta besó sus pies alabando su trabajo ahora despedaza el guión catalogándolo como una "simple película finolis sobre gente sufriendo". Golpe brutal y decisivo. Fin del conflicto. La lucha perdida. El hombre común (quizá Barton mismo) puesto en su eterno lugar lejos de la trascendencia y del "arte". Lejos de la inmortalidad.

La solución en un paquete que se carga todo el tiempo.

Hay múltiples citas respecto a la influencia en Barton Fink proveniente de otros filmes como *The Shining* (Stanley Kubrick, 1980) o *Le Locataire* (R. Polansky, 1976), o las referencias literarias a trabajos de John Keats o William Shakespeare (la obra de teatro de Barton Fink al principio de la cinta, *Bare Ruin Choirs*, toma su nombre del cuarto párrafo del *Soneto 73* de W. Shakespeare). Igualmente, el que la historia suceda justo durante la segunda guerra mundial puede llevarnos a buscar más elementos, como algunas referencias claras al nazismo o el autoritarismo presentes en algunos personajes y diálogos, sin embargo eso no deja de ser el un mero decorado, la escenografía social que viste la esencia de la trama. Lo que sí trasciende es que en Barton Fink los hermanos Coen nos llevan a un punto de análisis que se vuelve sustancial: es imposible sustraer la intelectualidad del ejercicio creativo, aunque esa misma intelectualización es el veneno que puede matar cualquier obra, independientemente de la época en la que es creada.

Esta paradoja es desde la cual todo autor busca el equilibrio en su obra y es también la razón por la cual un artista permite que sus demonios internos le corten la cabeza y la guarde en una caja. De esta manera puede pasear por una playa de California sin tener la necesidad de abrirla cuando simplemente se busca la belleza; y si acaso es necesario, la tiene a la mano para ponerla junto a la maquina de escribir y contemplar el horror como fuente inspiración. Sí, un ejercicio francamente macabro pero, cuándo se trata de explicar el mundo y las pasiones que lo mueven, ¿qué método creativo no lo es?

The Post o la ausencia de la verdad

Mi primer acercamiento con el ritual de leer el periódico todos los días se lo debo a mi abuelo materno quien, además de haber sido líder sindical, trompetista de pueblo y vendedor de zapatos, también ejerció un tiempo como director del diario *El Sol del Sur del Bajío*, periódico que si bien debía su fama al hecho de ser el gran portavoz de los logros gubernamentales en aquella zona del país, a mi me regaló una excusa para seguir alimentando mis ganas de conocerlo todo más allá de las tiras cómicas del domingo.

En unas vacaciones de verano, creo que fue el de 1983, jugaba solo en la huerta de la parte de atrás de su casa cuando en un altero de periódicos viejos que convivían entre las violetas, un limonero, un durazno, un aguacate y un papayo, descubrí un ejemplar de la revista *Siempre!* y otro de la revista *Proceso*. Recuerdo haber devorado ambas revistas de manera incontrolable hasta que el grito de mi abuela que me llamaba a comer me sacó de mi primer éxtasis periodístico. Había encontrado la verdad en la opinión de otros.

A partir de ese momento, el periódico -o la noticia impresa- se convirtió en una parte sustancial de mi vida. Quizá era el único niño de 5to grado de mi colegio que comparaba *La Jornada* en los revisteros de *Sanborn's* en lugar de comprar cómics, pero para mi, ser testigo de las noticias de aquel tiempo, encontrar las diferencias con los otros diarios, entender su origen, distinguir a un reportero de otro, a un editorialista de otro, o simplemente perderme en los suplementos culturales me daba algo que me hacía sentir poderoso: me daba conocimiento.

Al periódico (al concepto de periódico) le debo infinidad de cosas, por ejemplo, *El Informador* y *El Occidental* fueron periódicos de mi niñez y en *El Porvenir* tomé mis clases de periodismo durante la Universidad. En *El Norte* no me dieron una entrevista de trabajo porque usaba el pelo largo, aretes y vestía de negro y como no tenía corbatas, el puesto de reportero en la sección *Sierra Madre* de sociales no sería nunca para mi. A *La Jornada* le debo su editorial del 19 de septiembre de 1984 que hacía patente algo que redescubrí en mi adolescencia: "Entre los mayores estragos que ésta [crisis] ha causado se encuentran el desaliento y el cinismo, o la aceptación fatalista de que mientras dure la crisis no vale intentar la corrección de las injusticias y las insuficiencias". A *Proceso* le debo a Julio Scherer y su ejemplo, las elegantísimas críticas de Susana Cato -que me hicieron ver el cine a partir de ella con otros ojos- y, aunque debería decir que a *Excélsior* le debo a Julio Scherer, me quedo con la maravillosa historia que nació de su generosidad rebelde aquel 8 de julio de 1976.

Les platico todo esto porque esta semana vi The Post, la nueva entrega de Steven Spielberg. No voy a gastar caracteres contándoles sobre las grandes actuaciones ni de la casi perfecta ejecución de la cinta. Vayan a verla, no tiene desperdicio. Repasar de la mano de este grupo de dotados uno de los momentos cruciales en la historia mundial del periodismo es, simplemente, una gozada. Es una película hecha con la mano de un cirujano, firme, delicada, sin errores. Acá probablemente la notica sería que Meryl Streep, Tom Hanks, Spielberg o John Williams lo hubieran hecho mal pero afortunadamente no sucede así.

Lo que quiero contarles es algo en lo que caí en cuenta. Aquella fascinación y fortaleza que sentí al leer por primera vez *Proceso* y *Siempre!* y que me hizo creer que este país, a pesar de su infinita lista de problemas iba a salir adelante, ya no la siento más.

Descubrí que hoy en día hago con muy poco asombro y a veces mucha de tristeza mi ritual matutino de leer los periódicos, la mayoría satisfechos con replicar *ad nauseam* la "noticia" de la abultadísima cuenta de Slim en un restaurante de Guadalajara mientras seguimos sin saber de qué vive AMLO. Periódicos que son la versión light de cualquier revista de espectáculos donde la nota más leída es la nueva foto en tetas de cualquier Kardashian. Periódicos que cubren las precampañas de los que aspiran a presidenciarnos pero de Marichuy no aparece ni su foto. Periódicos que piensan más como negocios antes que cumplir con el compromiso de difundir la información de manera ética sin convertirse en trincheras políticas, o de buscar sumarse a la tarea de construir un mejor país, un país fuerte, informado con la verdad. Pero también veo periodistas que tocaron los hilos del poder y ya no están. Periodistas muertos, desaparecidos, amenazados por cumplir con la misión de exponer esa verdad, de contarnos las historias que nos unen, una verdad que no por voltear para otro lado, se extingue.

Y todo eso me hace pensar que entonces nosotros, como lectores, deberíamos salir a la defensa de nuestros diarios, de todos los diarios y de todos los periodistas, de ser lectores exigentes con los contenidos, con la ética periodística, y de ser implacables con los gobiernos que los reprimen, porque si atendemos aquella frase que dice que *el periodismo es la primera versión de la historia*, nos valdría tomar una postura más activa y más crítica con esa historia que al final de la película, no es otra más que la nuestra.

Ok. González Iñárritu encontró una voz, pero eso no quiere decir que sea una voz encantadora. Encontró un discurso, pero eso no quiere decir que sea un discurso coherente, sorpresivo, revitalizador, mágico, poderoso ni propositivo.

Hay una fórmula precisa en *BIUTIFUL*: avanza con una cadencia que se antoja mucho como un relato que alguien estuviera a punto de olvidar y hace el esfuerzo por capturar todos los detalles, por incoherentes que parezcan. Eso le otorga a la cinta una fuerza constante, un desaliento, una vorágine de drama que no se detiene, que encuentra un pequeño respiro en una escena donde se come helado con los dedos o en un montaje atroz de tan ridículo (dantesco en caricatura) en una discoteca en Barcelona, con nalgas como tetas y diálogos idiotas al final de la escena, donde una adolescente le pregunta a Uxbal por qué no está con sus hijos y Uxbal, pletórico de alcohol y cocaína le responde: porque me estoy muriendo. No, Alejandro, no.

Arturo Ripstein rescató el melodrama mexicano y lo volvió a poner en el cine, donde había nacido. *El lugar sin límites*, como drama social atrajo las miradas e inauguró el poderoso rito Ripsteniano de deformar hasta el exceso la realidad nuestra de cada día para superpolar los elementos del discurso. Pero Ripstein tiene recursos como director y muchos. Desde el concienzudo trabajo actoral y la sobriedad en el montaje hasta la precisión casi matemática del manejo de cámara le dan una hechura diferente y una fuerza que viaja mas allá del recuerdo audiovisual.

Esos son los recursos que le faltan a González Iñárritu. Sus muy setenteras chimeneas humeantes, las parvadas de pájaros en el amanecer, la ciudad como fondo amargo de la desgracia, la noventosísima cámara-en-mano temblorosa dejan un sabor a pirotecnia, no a cine. Saben a recalentado.

La película en su contexto más general no es mala. Bardem es fino y teje su interpretación de Uxbal conteniéndose en los límites de su propia técnica. El resto del elenco pasa la prueba sin muchos apuros. Hasta los niños están bien, vamos.

El problema es que la película está demasiado (des)hecha. No hay nada humano en ella. En el momento en que Uxbal compra los calentadores de gas adivinamos la desgracia por venir. En el momento de la persecución policiaca sobreexponemos el drama de la migración. Iñárritu construye para la desgracia, paso a paso, y nos pretende redimir solamente a través de la muerte. Y su contacto con los muertos, como el de su personaje principal se hereda. Ahí están las guitarritas de Santaolalla, los silencios a la amoresperros en un autofusil incomprensible, el rockito mamón de sus amigos chilango-satelucos como música incidental a manera de auto homenajear al clan hasta el hartazgo y revolcándose en su propio concepto de chilango internacional.

Tratando de deshacerse de la sombra de su antiguo guionista Guillermo Arriaga, le es imposible a Iñárritu hacerse de un espacio vital donde él mismo alumbre lo que ve, lo que propone y lo que piensa y se lanza a la aventura de borrarse el apellido de la vieja dupla a toda costa, hechando mano de todo lo que se topa en su camino, consiguiendo únicamente (y de manera muy consistente) una sola cosa: Alejandro González Iñárritu será al cine mexicano lo que Ernesto Alonso a la TV. Con ustedes, el nuevo Señor Telenovela.

The Mexican suitcase o algún vez fuimos buenos

Es probable que no exista nada más desgarrador para una sociedad que una guerra y si es una guerra civil, una lucha entre compatriotas distanciados por pensamientos políticos, condiciones económicas o proyectos de nación contrarios, esa lucha deja cicatrices que se heredan a través de generaciones.

La guerra civil en España, a pesar de solo haber durado tres años, dejó una secuela difícil de medir tras los más de 30 años de la dictadura de Franco. Durante ese tiempo, millones de historias acerca de la guerra fueron sepultadas en el olvido y hasta cierto punto formaban parte de ese oscuro rincón de la memoria de un pueblo entero.

Trisha Ziff presentó en el 2011 el documental *The Mexican Suitcase*, que narra la historia de una misteriosa maleta que estuvo perdida mas de 70 años y que contenía el trabajo fotográfico de Robert Capa, Gerda Taro y David Seymour, documentando aspectos vitales de la Guerra Civil Española.

El relato nos lleva primeramente a conocer el trabajo de preservación que realizó Cornell Capa a través del International Center of Photography en NY, los rumores acerca del misterioso velís, y los esfuerzos por encontrarlo.

Al mismo tiempo, nos lleva por un recuento puntual sobre el compromiso que existió entre individuos y entre algunos países hacia la causa española de los años 30 del siglo pasado. El deseo de defender la democracia y la libertad eran una obligación, un privilegio más que una ocurrencia o una postura. Era sin duda, una manifestación genuina de los más altos valores nacidos en Europa tras el fin de la primera guerra mundial.

Después la historia nos lleva a la ruta del exilio que llega hasta México. Cuando el presidente Lázaro Cárdenas abre las puertas a los españoles que desearan venir, siguiendo esa misma ruta -de España a Francia a México- llegaría también resguardado el trabajo de Capa, Taro y Seymour para ocultarse por muchas décadas en una habitación de la calle Amsterdam de la colonia Condesa para finalmente, salir a la luz.

Es ese momento el que nos permite tomar perspectiva y distancia. La lucha contra el fascismo (o contra cualquier régimen autoritario) no era -y no será nunca- cosa menor. El registro del sacrificio de tres fotógrafos de Europa del este ajenos al conflicto español lo confirma así. Su trabajo, sus imágenes, su solidaridad ponen de manifiesto la importancia de la claridad en las ideas.

Poco importa que, como menciona el documental, los centros de poder como Nueva York o París o Londres acaparen el trabajo de los grandes artistas del mundo para llenar sus propios museos. Lo realmente valioso es poder construir a través de estos trabajos líneas narrativas que marquen las rutas para las nuevas generaciones. Lo realmente trascendente es que obras así, que rescatan postales de momentos que son trascendentales en la historia de la humanidad sean recordatorios vivos y constantes de que podemos ser mejores de lo somos, tomarnos a nosotros mismos como ejemplo.

Ahora que nuestra América Latina vive momentos cruciales en la definición de sus políticas y de sus modos de convivencia, valdría la pena vernos en aquellos momentos, cuando fuimos mejores y ningún tirano disfrazado de demócrata o de salva patrias hacía presencia en la lista de nuestros amigos. Ojalá no olvidemos eso nunca.

Chico y Rita o tanto tiempo disfrutamos este amor

Fernando Trueba es un cabrón. Que digo un cabrón, un cabronazo. Cuando en 1992 irrumpió en el mapa personal de mis películas favoritas con *Belle Epoque*, el hombre ya tenía un camino recorrido desde 1974 como director de cine. En esos ires y venires nos recetó un maravilloso documental al arrancar el nuevo milenio llamado *Calle 54* con el que mandó a la eternidad del celuloide a algunos de los gigantes más importantes del jazz latino, entre ellos Jerry González, Tito Puente, Chucho y Bebo Valdés, Puntilla Ríos, Chano Domínguez y Michel Camilo. Una década después, compartiendo el crédito de director con Tono Errando y Javier Mariscal nos regala *Chico y Rita*, historia que narra la historia de Chico Valdés, personaje basado ligeramente en Bebo Valdés pero como dice el mismo Fernando, es la historia de todos los músicos cubanos.

Una historia de amor que es amor del bueno y del malo y del que sana y duele. Amor que canta y que nos deja mudos. Una animación impecable con corazón europeo, alma afroantillana y acento caribeño. Amor que lleva la música por dentro y nos la deja flotando alrededor sincopada con olor a habano, a ron y a caña, a rascacielos, a joint californiano, a casino en Las vegas y a bar parisino.

Cuando Trueba escribe *Chico y Rita* no se anda con rodeos: escribe lo que sabe, escribe pensando en Bebo Valdés y escribe lo que ha visto a su lado, lo que años de intensa relación con el jazz y el jazz latino le han dejado grabado en el alma. Si alguien puede dar fe de esta historia es el mismo Fernando y si alguien podía completar semejante tarea es el gran equipo de cineastas del los que se rodeó.

Con guiños a películas clásicas como Casablanca, esta aventura musical no hace otra cosa que inundarnos durante 95 minutos de una perfecta selección musical que si tienen alma, no los va dejar indiferentes. Una época que nos alcanza y que al mismo tiempo agoniza merece ser puesta en todas las pantallas posibles, no importa cuánto tiempo haya pasado desde su estreno en los cines.

Amazon anota en grande poniendo esta cinta de Trueba en su servicio de streaming. En lo que termina la sequía en las salas de esta ciudad, súbanle al volumen de su tele, y tararen, que se las van a saber todas, y si no, Chico y Rita les ayudan a acordarse de las letras.

Roma, o el cine desde el privilegio

Ver cine es ver la vida. Ver la vida a través del cine es un ejercicio que nos hermana. La forma de arte más joven, más noble, más carismática y la única que puede combinar a todas las demás artes en una sola pieza intangible y eterna, es también capaz de conectarnos con grupos de desconocidos, con lugares ignotos, con tiempos remotos y con experiencias que hayamos compartido con los demás o no. Esa es la magia del cine: su irreductible capacidad para derribar las fronteras personales, sanar estigmas, solucionar misterios y revitalizar diálogos urgentes.

Lo que Alfonso Cuarón hizo con *Roma* es entregarnos una obra apabullantemente bella, personalísima y casi perfecta, tanto, que resulta imposible no dejarnos seducir y rendirnos ante semejante logro. Cada segundo de película lleva una carga emocional única. Cada fotograma está ahí porque cumple un propósito para con el espectador. Cuarón no espera. Nos sumerge a su historia sin pedirnos permiso. Una secuencia inicial que se conecta con el drama familiar tan ajeno y a la vez propio con a un arco poético-visual digno de los grandes maestros, pone el tono: avión por fuga, avión por añoranza, avión por agua que lava la mierda, avión por el tiempo perdido y avión por lo que se nos viene después.

Cuarón es un director que ya no tiene que probarle nada a nadie y que perdió, probablemente saliendo de la prisión Azkaban, el miedo a decir cosas. Establece las reglas desde el primer segundo y después de anunciarnos de qué va esta avalancha de emociones en blanco y negro, utiliza cada escena para sorprendernos. Se sienta a sus anchas y hace lo que le place. Gira la cámara en su propio eje para contarnos que la vida es un ciclo interminable que siempre avanza hacia adelante, hacia arriba, hacia adentro, pero siempre en círculo.

Por la cámara desfilan personajes que no sabemos si amar o detestar profundamente, pero esto es así porque la presencia de Cleo (Yalitza Aparicio, siendo todas las mujeres de México con un solo rostro) nos grita desde el silencio del afane, desde la servidumbre que raya en la esclavitud y de la chinga diaria, que esta historia va más allá del engaño filial, de la horrenda pretensión familiar, de la crudeza de la inmovilidad social imperante desde entonces, de la infidelidad de un marido torpe o del horror de una país sumergido en el autoritarismo y, nos pide a gritos (susurrados en mixteco, por supuesto) que nos fijemos en lo que de verdad importa.

Pero lo que de verdad importa no llega así nomás, hay que buscarlo, hay que explotar las paredes de cartón piedra que protegen a esta familia clasemediera para dejar de identificarnos y de sentirnos cómodos en su privilegio que es el nuestro, para entonces poder llegar a la esencia de la historia, a ese código genético que tenemos todos y en el cual yace nuestro clasismo más vergonzoso, el más recalcitrante, el más dañino, ese desde el cual Cuarón quiso hacer arte pero que se convirtió en autorretrato.

Porque lo que se presenta ante nosotros como recuerdo, como memoria colectiva, como vehículo de comunicación, como ventanas a ese pasado que sigue dolorosamente presente, como eslabón perdido que une a todos los que habitamos este país, termina siendo una suerte de cataclismo del yo. Y entonces la película, justo cuando une en otro arco visual maravilloso los charcos de Iztapalapa con los charcos de la colonia Roma, se convierte en un discurso fracturado, un hiato cacofónico y visual sobre la infancia *de* Cuarón, sobre la familia *de* Cuarón, sobre la nana *de* Cuarón, sobre los recuerdos *de* Cuarón, sobre la casa *de* Cuarón, sobre las vacaciones en fuga del clan *de* Cuarón, sobre el Cuarón *de* Cuarón.

Y es lamentable porque Cleo merece mucho más que un viaje a la playa para terminar encontrando la felicidad haciendo licuados y trayendo gansitos de la cocina. Fermín, el Profesor Zovek, los porros entrenados en artes marciales, la doctora Vélez de la clínica del IMSS, Adela, todos aquellos de quienes nunca se habla, tienen una historia mucho más poderosa que contar que ser solamente el decorado en una etapa catártica de una familia insulsa, desabrida, descolorida, o hacer de plataforma de lanzamiento de una portentosa gira de promoción durante la temporada de premios.

Bien por Cuarón que ha logrado su mejor película, la más bella, la mejor hecha. Bien porque arroja luz donde hace falta. Bien porque Roma nos puso en evidencia y nos obliga a vernos desde nuestro más normalizado clasismo. Pero sobre todo, y por encima de la película misma, bien por Yalitza Aparicio y por Nancy García García, que ahora son ellas los rostros que ya no veremos de forma indiferente, porque son desde siempre los rostros de quienes ya no podremos hablar sin hablar de los millones y millones que durante siglos han sido invisibles e ignorados ante el rotundo fracaso de nuestro privilegio.

Cold War o la irreductible tragedia del amor

Hay una implosión de la cual es inútil intentar escapar y que tiene lugar en el momento en que inicia Cold War. Esa implosión se genera en gran medida por las canciones de folclor polaco que se nos presentan a guisa de un estilo casi documental. Guiño estético de resultados geniales que nos lleva a entender que todo lo que veremos proviene de la verdad: el término de la segunda guerra mundial, la consolidación del régimen soviético en Europa oriental, los estragos del conflicto, la división del mundo, el amor. Todo será verdad.

Pawel Pawlikowski ya tenía una carrera como documentalista en la BBC explorando temas inherentes precisamente a la segunda guerra mundial cuando en el peor momento de su vida decidió volver a Polonia. Ahí filmó una soberbia obra maestra que el mundo conoció como *Ida* y que a él lo llevó directamente a la categoría de maestro, gran alquimista y mago del lenguaje de las imágenes.

Su segunda película, *Cold War*, retoma ese punto de inflexión histórica a la mitad del siglo pasado para contarnos con profundísima belleza una historia de amor. Zula (Joanna Kulig, magnífica y eterna) y Wiktor (Tomasz Kot) colisionan mientras el nuevo régimen busca rescatar el espíritu nacional a través de la música. Es esa música rescatada la que acompaña el amor de Wiktor y Zula, la que se vuelve manto y carretera, la que es fuga y es palabra, la que a pesar de ser complaciente a veces es revolución compleja, rota e insuficiente y al mismo tiempo es grito y es silencio.

Aferrados al amor escriben lentamente su propia historia, esa que se escribe ni contigo ni sin ti. Imposibilitados, fracturados, locos y ridículos, Wiktor decide que para ser felices deben escapar del régimen que los agobia aunque terminen por someterse a la dictadura de su propio accidente amoroso. Se separan y se unen, se unen y se separan. La música los alimenta y alimenta su pasión en la distancia y entonces las distancias no significan nada. Su amor no se fractura con la lista de amantes, ni con los años sin verse, ni con la inclemencia de los inviernos, ni con la sordidez de un mundo en el que ellos, abrazados, son tan grandes que no caben.

De Varsovia a París, del teatro del pueblo con homenaje a Stalin al jazz joint en la *Rue de Rivoli,* y de la gélida Yugoslavia al invierno del abandono en Berlín, Pawlikowski construye magistralmente a partir de todas estas ideas los niveles desde los cuales nos obliga a repasar, sin darnos cuenta, nuestra propia historia amorosa y repentinamente, ya no es una una película más lo que estamos viendo, acaso una corriente interminable de recuerdos de una vida anterior, de una posibilidad, de un tiempo distinto donde, lo sabemos, hubo un amor irreductiblemente trágico.

Ni para qué mencionar la genialidad estética presente en toda la cinta, o el magnífico uso del blanco y negro, o el clásico 4:3 de aspecto de pantalla, o la banda sonora que se cuela hasta la médula y se vuelve propia en la primera nota, o la mirada de Zula y Zula y su carácter volcánico que arrasa hasta con las más altas expectativas y se clava como espectro, añoranza y memoria al mismo tiempo. ¿Para qué? Para qué si al final del día, al terminar la función, habremos enmudecido gracias a un shock poético, ante una avalancha vital, ante una versión hermosamente trágica del amor.

Museo o el saqueo a la nación

Desde que la película empieza sabemos que nos enfrentamos a una reinterpretación. Una placa sobre negro nos advierte: Esta historia es una réplica de la original. Con el sarcasmo como primer nota, Alonso Ruizpalacios nos sumerge en el universo ochenterísimo de una mexicanidad que se antoja a veces melodramática y a veces tragicómica. Lo hace con tacto, con certeza y con un guión a prueba de balas y así, nos plantea una cinta sobre el fracaso, la amistad, el origen, la pertenencia y el olvido.

Museo nos cuenta los acontecimientos en los que un par de estudiantes de veterinaria de la UNAM, satelucos de cepa y serios aspirantes a engordar las filas del desempleo nacional de finales del siglo pasado, lograron robar más de 100 piezas de valor inestimable del Museo Nacional de Antropología e Historia en la noche de navidad de 1985.

Con el país apenas levantándose de los escombros del temblor de aquel septiembre nefasto, con la urgencia de encontrar de nuevo rumbo y forma, este acontecimiento puso en el mapa y en la mesa de discusión la misma esencia de la mexicanidad. La película por tanto, se convierte en una excusa y en un llamado para volver a hacerlo.

La historia se sucede desde dos aristas: por un lado tenemos la narración de Wilson (Leonardo Ortizgris), personaje que se nos presenta como bobo, pero que resulta al final de una inocencia y una pureza tal, que nos permite entender la virtud y el declive de una amistad llena de abusos. En esta narración nos lleva con escuetas descripciones por los acontecimientos previos y posteriores al asalto, y nos invita a entender que a veces no hay motivos para hacer lo que hacemos, que realmente nos es imposible conocer el inicio de las cosas, a caso el final. Por otro lado, tenemos los arrebatos de Juan Núñez (Gael García Bernal, siempre bien como actor), un personaje que, como complemento histórico de Wilson, navega siempre entre la frustración, la falta de reconocimiento, el hambre de éxito y el ostracismo personalísimo de no reconocerse en nada ni en nadie.

Cada elemento aporta, cada elemento suma para que el robo deje ser lo importante y busquemos mucho más adentro. De pronto la tesis comienza a darnos vueltas y pensamos que en realidad, como atinadamente afirma el coleccionista europeo de piezas arqueológicas, sin saqueo no hay museo. Es imposible no llevar esta afirmación a la actualidad y pensar hacia el pasado, a reflexionar sobre lo que esta circunscripción geográfica que llamamos país ya no posee, a buscar mentalmente a quienes se lo han llevado todo, a quienes siguen haciéndolo. En ese sentido la película no falla, y Ruizpalacios demuestra que hizo la tarea abriendo la puerta para realizar a través de su historia una aguda crítica social.

Desde ese punto de vista vale la pena apuntar que la película mantiene siempre una visión periférica. Acepta la inmovilidad que provoca la fascinación por el pasado y reconoce al mismo tiempo la obsesión por la modernidad y, en medio de esta ecuación plantea un ejercicio donde invita a sacar la mexicanidad del museo, de las vitrinas, a refrescarla bajo el chorro del agua del grifo, a limpiarla con un cepillo de dientes y a ponerla a jugar en la arena de una playa con una turba de chiquillos mayas. Y esa ahí donde el robo cobra sentido: en el proceso de restitución, de pertenencia, de regreso al pasado para poder caminar al futuro.

Una profunda ironía que en estos tiempos, se aplaude y se agradece.

El grito o la construcción de la memoria

A cincuenta años de los acontecimientos que derivaron en la atroz matanza de estudiantes en la plaza de las tres culturas, en Tlatelolco, el documental *El Grito*, de Leobardo López Aretche recupera las pantallas gracias a *Arcadia*, la muestra Internacional de Cine Rescatado y Restaurado de la Filmoteca de la UNAM.

Leobardo, que en ese entonces era estudiante del CUEC, salió a las calles a documentar, junto con otros compañeros, el movimiento estudiantil. Durante 1968, estos estudiantes del CUEC registraron las marchas, los mítines, los brigadeos, volanteos, pintas, discursos y discusiones que dieron forma al movimiento que terminaría por definir el rostro de la izquierda en México.

Cincuenta años pueden parecer mucho tiempo, pero para efectos de un país, es apenas un suspiro. La construcción de la memoria requiere que los acontecimientos recuperen su espacio en la vida cotidiana, en nuestras charlas diarias, que nos hagamos a ellos, que los volvamos propios y que sus efectos nos inspiren para generar cambios trascendentales.

En aquel momento, la juventud de México recogió el hartazgo generalizado en la población y lo materializó en el genuino derecho a ganar la calle. Los jóvenes se mostraron, de esa manera como dignos herederos de los grandes forjadores de la conciencia política del país y abrieron la puerta para que ese deseo de cambio se convirtiera en los cimientos del país que queremos construir.

Sin embargo, la historia también nos enseña que no debemos fundar todas las esperanzas de una población bajo una sola insignia. La pluralidad y la diversidad deben prevalecer y eso es precisamente uno de los hallazgos en el documental de Aretche.

Al narrar los eventos en orden cronológico, Leobardo nos permite ser testigos del desarrollo paulatino de los acontecimientos alrededor del movimiento. Nos acercamos a los rostros de los estudiantes, de los obreros que marcharon a su lado, de los padres de familia que apoyaban a las brigadas, de los niños que absortos y emocionados veían pasar los contingentes de estudiantes. Vemos a una población comprometida, identificada, despierta. Pero también vemos que esa población no viste uniforme ni son iguales unos a otros. Vemos que provienen de distintos lugares y sin embargo marchan juntos. Esa diversidad es la que en realidad nutrió al movimiento, lo volvió fértil y lo hizo crecer.

Cincuenta años después cargamos con la herencia de aquel movimiento, y aunque el manoseo histórico de los hechos ha sido despiadado por parte del gobierno y de algunos actores directos, resulta indispensable mantener encendida la flama, la esencia de aquello que hizo surgir la necesidad de cientos de miles de muchachos de hacer suya la calle y desde la calle sacudir al gobierno.

Ahora que el país entra en una nueva etapa en su vida política, vale la pena recurrir a la memoria y desde ahí hacer un recuento de esos cincuenta años. Y vale la pena aportar para que esa memoria se limpie, se siga construyendo y siga siendo una fuente de inspiración para futuras generaciones.

Leobardo no pudo ver su película restaurada y de regreso a las salas de cine, pero su aportación a través de este documental, trasciende tiempo y forma. Ojalá que cada estudiante muerto sea un motivo para que desde nuestra trinchera, no permitamos nunca más otro Tlatelolco.

Hay algunas películas que uno busca afanosamente durante años pero no se dejan encontrar. Por alguna razón logran escabullirse de la cartelera, se escapan de las pantallas de los festivales y las muestras; las cinetecas y los cineclubes las sepultan en el olvido de la veneración de café de intelectuales y lentamente languidecen hasta convertirse, literalmente, en piezas de museo. Nada más triste para una película que ser material de archivo, de estudio de unos pocos privilegiados o de consenso para los académicos de la imagen.

Un poco de esta tragedia la tiene (la tuvo, porque ahora está disponible gratuitamente en la plataforma MUBI, donde finalmente se dejó encontrar) la película francesa de 1982 *"Mourir à trente ans"* y traducida como *Half a Life* (como si la única expectativa fuera llegar a los sesenta, ja). Realizada por el director francés Romain Goupil, la película aborda a través de pietaje original de la época, la narración y texto del propio Romain y entrevistas con sus colegas, aquellas experiencias que darían paso a su conversión de un grupo de adolescentes que sólo buscaban perder su tiempo haciendo películas caseras, a activistas políticos, el mayo del 68 en París y hablar del suicidio de su gran amigo y líder de las fuerzas de seguridad de la Liga Comunista Michel Recanati.

Un destello intenso, cercano y carente de maquillaje producto de una cámara honesta, una mirada llena de matices y contradicciones políticas, aspiraciones adolescentes y el complejo enamoramiento hacia un pensamiento político que buscaba ante todo la justicia social, nos envuelve desde el primer minuto y nos permite acercarnos al proceso de radicalización progresiva de los movimientos políticos y culturales en Europa, pero sobre todo de Romain y sus colegas.

Su paso feroz de militantes a líderes del movimiento y la incorporación de causas a su agenda -la guerra en Vietnam, la ejecución del Ché en Bolivia o la solidaridad con los Black Panthers en Estados Unidos, hacen de esta narración mucho más que una revisitación histórica, la convierten en una confesión y en un lamento lleno de nostalgia por una época y una oportunidad perdida.

Arranca mayo este año de 2018 y serán entonces 50 años de aquellos eventos de la primavera de París, que sería primavera del mundo y donde toda una generación se atrevió a ser realista y pedir lo imposible, petición que encontraría ecos en otros lugares, y desde países como Suiza, Italia, Checoslovaquia o México, ese imposible hizo bandera en una necesidad de justicia e igualdad universal.

Dice Walter Benjamin que el mundo solo vivía de sí mismo y bajo esta premisa, tendríamos que alimentar al mundo que nos ha tocado con una renovada esperanza de saciar una necesidad añeja. Si el fracaso de aquella generación está presente en nuestro rampante y caníbal modo de vida, en nuestro atroz y devastador capitalismo, en nuestra miopía ideológica, en nuestros gobiernos incompetentes y bandidos pero sobre todo, en nuestros pobres, parece apenas un buen momento para retomar, para escuchar de nuevo, para volver a las lecturas y a la inocencia de la sorpresa que nos deja hacer algo juntos, y hacer algo por los demás.

En ese sentido, la película de Goupil logra mantener un nivel de complicidad impresionante. Nos lleva mucho más allá del 68 y nos recuerda con desesperación que el mal no desapareció con Hitler y el triunfo de los aliados, acaso tomó nuevas formas, nuevos protagonistas, nuevos rostros, y nos cuenta como se supo con certeza absoluta que esos nuevos rostros iban a necesitar una respuesta cada vez más radical para lograr ser contenidos.

Sin embargo, aún en el más duro radicalismo ideológico, debe caber la posibilidad de que se cuele también la autocrítica que nos permita nombrar lo que ha salido mal, y repetir y mejorar incansablemente lo que haya salido bien.

Reconociendo la historia se puede forjar una ruta para que aquel imposible deseo de mayo del 68 se convierta algún día en una realidad cotidiana, y la desilusión de una generación que creyó que era posible cambiar el mundo se transforme en una celebración constante del triunfo de la humanidad.

Hell or High Water o el otro sentido de la justicia

Cuando las noticias del incendio en la catedral parisina de Notre Dame irrumpieron en todos los canales de noticias y en todas las redes sociales fue imposible no pensar en la fragilidad de las obras humanas. Lugares que consideramos emblemáticos o de cierta forma importantes pueden desaparecer en un instante, en un error, en un simple accidente. Al día siguiente el alcalde de París anunció que tomaría 6 años la reconstrucción de tan *instagrameable* monumento, pero que gracias al generoso aporte de 600 millones de euros de empresarios de toda Francia, los esfuerzos valdrían la pena.

Aún no se extinguían las últimas llamas en la catedral cuando empresarios franceses y de otras partes del mundo ya habían lograron reunir el equivalente a 12 mil millones de pesos que serán dedicados a la reconstrucción de la catedral. Es muy claro en dónde están puestos los intereses de estos hombres de negocios.

En *Hell or High Water* el director David Mackenzie nos regala en un perfectamente bien ejecutado western contemporáneo la lucha en la que se enfrascan un par de hermanos por salvar el rancho familiar que el banco está a punto de quitarles. Chris Pine y Ben Foster logran una mancuerna emotiva desde otro sentido de la justicia y de aquello que saben que es lo correcto.

En el otro lado de la balanza Jeff Bridges (qué actor, carajo) y Gil Birmingham encaran a un par de *rangers* texanos cuya única misión es hacer cumplir la ley. Buen drama, escrito con pulcritud y elegancia texana -si es que eso realmente existe- por Taylor Sheridan quien ya nos había entregado otras joyas como Sicario (Dir. Denis Villeneuve, 2015) o la serie Sons of Anarchy. Sheridan y Mackenzie nos ponen de frente la necesidad de cuestionar la ley y el sentido de justicia y ponen a los personajes a actuar en base al principio básico de lo que es correcto, y no de lo que es legal. Danza frente a nosotros la idea de que cuando las leyes se vuelven injustas y benefician solo a algunos, romper esas leyes para lograr equilibrar la balanza no solo es correcto, es urgente y es necesario.

El título, *Hell or High Water* (algo así como "así se incendie o se inunde") alude a la necesidad de hacer lo que sea necesario por salvar aquello que nos importa, aquello que es vital, restituir de manera justa lo que nos pertenece, lo que ha sido nuestro y nos fue arrebatado y en el caso de nuestros personajes, lograr una victoria fundamental ante un sistema que prometió protegerlos pero que en realidad solo tiene intenciones de devorarlos y aniquilarlos.

Pienso de nuevo en la catedral parisina y su fondo de reconstrucción de 600 millones de euros. Pienso que Francia es un país con -cifras conservadoras- al menos 140 mil personas sin hogar, muchos de ellos niños y muchos de ellos migrantes que huyeron de la violencia y de la miseria reinante en sus países, miseria provocada por el mismo sistema económico y político que los quiere deportar pero que al mismo tiempo se moviliza para salvar una iglesia en ruinas.

La pobreza es hija de la desigualdad. Así que la próxima vez que nuestros gobernantes, nuestros generosos empresarios y nuestros ilustrados analistas económicos nos quieran vender la idea de que no hay dinero suficiente para erradicar la pobreza, sepamos que no es cierto. Que lo que falta es voluntad para corregir el sistema. Y justo como en *Hell or High Water*, el dinero está ahí, solo que, por ahora, no está en nuestras manos.

Mid 90´s o la nostalgia adolorida

La década de los noventa es quizá la década en la que vivimos la mayor cantidad de contradicciones históricas. Por ejemplo, las economías del mundo entraban de lleno en una etapa globalizadora que prometía bonanza y bienestar para todos y al mismo tiempo, la brecha entre ricos y pobres se volvía cada vez mas profunda. Una generación entera se sintió con la capacidad de dar un golpe de timón y cambiar el rumbo de la historia, y sin embargo esa misma generación resultó (resultamos) engullida por la visión anárquica que tuvimos de nosotros mismos, por el choque casi catastrófico con la tecnología y con el devastador esfuerzo de sobreponerse a una decepción tras otra (en el arte, la música, la cultura, la política y los políticos, la guerra, la paz, la diplomacia, los héroes, la economía) a lo largo de diez años.

En ese contexto se enmarca la ópera prima de Jonah Hill, Mid 90´s que con una mano realmente talentosa, un ojo extra afinado y una memoria infalible nos pone a viajar en el tiempo y nos coloca en medio del cuarto de Stevie (Sunny Suljic, adorable), acompañándolo en su paso de la infancia a la adolescencia.

La sencillez de la historia nos presta el marco perfecto para que la belleza surja de forma natural: Stevie vive con su madre y su hermano mayor. Juntos forman el arquetipo de familia disfuncional de los noventa y a pesar de ello, siempre tenemos presente que los lazos afectivos, aunque elásticos y endebles, se mantienen ahí. Harto de los constantes abusos de su hermano, la rebeldía de Stevie encuentra un cause en un nuevo grupo de amigos que pasan el verano -y cualquier momento posible- arriba de sus patinetas.

Poco a poco, Stevie va forjando su lugar en el grupo y al mismo tiempo ese lugar le permite vivir experiencias que lo transforman y lo llevan al abandono de su niñez. Esas experiencias que están fuertemente ligadas al modo de vida de aquella década y de aquel lugar, se entretejen con las ganas de *hacer lo que se amaba* todo el tiempo y volverse rico, el escapar al *sistema* para cambiarlo y destruirlo pero sin tener muy en claro lo que se quería poner en su lugar, y todo mezclado con la confusión de crecer, de tener que ocupar un lugar en el mundo, de entender y aceptar las consecuencias de los propios actos.

Personajes exquisitos con diálogos sólidamente escritos acompañan el camino de Stevie, a quienes desde nuestro presente -que es su futuro- amamos con todo el corazón. A Ruben (Gio Galicia), Fuckshit (Olan Prenatt), Ray (Nakel Smith) y Fourth Grade (Ryder McLaughlin) solo les falta lo que la cámara astuta de Jonah no les permite: nosotros mismos y nuestra nostalgia adolorida como parte del grupo. Porque resulta imposible no verse ahí y reírse de las de la propia adolescencia, resulta doloroso recapitular en las propias decisiones, y de una forma encantadoramente triste, resulta liberador saber que también a nosotros las consecuencias de nuestros actos tarde o temprano iban a alcanzarnos.

Aplauso para Jonah Hill. Aplauso para sus personajes de carne y huesos (rotos) que no se dejan intimidar por los huecos entre edificios. Aplauso para una década entera y aplauso para todo lo que vivió y murió en ella y desde ella. Aplauso para lo que sobrevivió. Aplauso por lo que persiste hoy en día y aplauso por aquello que patinar hace por un chico de 15 años con el espíritu roto. Si usted no lo sabe, nunca es tarde para subirse a una patineta y sacar su primer *ollie*.

Un señor muy viejo con unas películas enormes

Antes de entrar a la enumeración de datos, fechas y efemérides es justo decir que la obra de Gabriel García Márquez en el cine abarca algunos pocos aciertos y muchos *sinembargos*. No en pocas ocasiones el aura de premio Nóbel y de gran autor universal, lo ha alejando de lecturas claras y honestas y, por el contrario, lo ha protegido de la crítica o, al revés, la etiqueta ha impedido que llegue a los ojos de sus lectores naturales. García Márquez tiene una personalidad y una historia en el cine llena de particularidades que se entreteje y complementa con la literaria.

Sus orígenes cinematográficos se encuentran en su viaje de Colombia a Italia a estudiar la carrera de cine en el *Centro Sperimentale di Cinematografia* de Roma, entre 1952 y 1955. Compañero en ese entonces de Julio García Espinosa, guionista y director cubano (*No tenemos derecho a esperar*, 1972; *Girón,* 1974) contaría tiempo después (ya como presidente de la Fundación del Nuevo Cine Latinoamericano) que asistir al nacimiento del neorrealismo italiano lo marcó definitivamente como autor de guiones y como aspirante a director: "Ya desde entonces hablábamos casi tanto como hoy del cine que había que hacer en América Latina, y de cómo había que hacerlo, y nuestros pensamientos estaban inspirados en el neorrealismo italiano, que es —como tendría que ser el nuestro— el cine con menos recursos y el más humano que se ha hecho jamás. Pero sobre todo, ya desde entonces teníamos conciencia de que el cine de América Latina, si en realidad quería ser, sólo podía ser uno".

Su experiencia en Italia se ve aderezada cuando consigue participar como tercer asistente de director en la película de Alessandro Blasetti, *Pecatto che sia una canaglia* (1955), una comedia que protagonizan Sophia Loren, Vittorio De Sica y Marcello Mastroianni. Él mismo comenta que nunca tuvo oportunidad de ver a la diva, ya que su trabajo consistía en sostener una cuerda en un esquina para evitar que pasaran al set los curiosos que siempre rondan por ahí.

Ya con el ojo educado en Italia se inaugura oficialmente como guionista con el libro cinematográfico de *La langosta azul* (1954), mediometraje de 29 minutos de Álvaro Cepeda Zamudio. De esta manera marca el inicio de una prolífica participación en el cine. Cabe mencionar que esta película ha sido considerada como el primer ejercicio surrealista del cine latinoamericano.

En los sets de México

Atraído por la poderosa industria cinematográfica mexicana de los años sesenta, se instala en el país después de pasar otro periodo de tiempo en Colombia donde había trabajado como reportero y crítico de cine.

En México, su primer acercamiento con el cine nacional es cuando escribe el guión de *El gallo de oro* para Roberto Gavaldón, junto con Carlos Fuentes, basado en el cuento de Juan Rulfo. Película de 1964 con la que intenta, con éxito, relacionarse con el círculo de realizadores mexicanos. Ese mismo año escribe el argumento para la película *En este pueblo no hay ladrones* (1964), de Alberto Isaac, en donde participan grandes nombres del cine y la cultura nacional como Luis Buñuel, José Luis Cuevas y Leonora Carrington. Ya mejor posicionado después de estas experiencias, entra en contacto con un joven Arturo Ripstein quien buscaba un guión para filmar su primer película. Resultaba ideal trabajar con un autor sólido pero poco conocido como García Márquez que finalmente decide colaborar de nuevo con Carlos Fuentes como dialoguista. Entregan *Tiempo de morir*, un western de corte intelectual y filosófico que con el tiempo se convertiría en el antes y después de llamada Época de Oro del cine nacional.

Al terminar el rodaje, lleno del ímpetu de la primer película filmada, Ripstein le pide los derechos de *El coronel no tiene quien le escriba* y García Márquez le responde con una sonrisa: "Claro, el día que aprendas el oficio". Pareciera que a Ripstein le tomó más de 30 años aprender. La verdad que completa la anécdota es que en ese tiempo los derechos estaban vendidos. Finalmente la opción expiró y nadie pudo filmarla. Treinta y cuatro años después sería García

Márquez quien se acercara a Ripstein, según cuenta el mismo realizador, para pedirle que la filmara.

La gran intervención

A partir de la segunda mitad de la década de los años sesenta, Gabriel García Márquez se vuelve entonces un indispensable en el cine nacional y latinoamericano. Sus colaboraciones comienzan a darse en racimos a pedido tanto de jóvenes directores como de los más experimentados, que buscaban historias que retrataran fielmente el sentimiento latinoamericano, en una búsqueda de "la identidad" que pudiera ser reflejada en el cine y que contribuyera a crear la imagen de lo que somos y hemos sido. Es evidente que este paso obligó a los cineastas en su momento a llevar a cabo una profunda revisión de los temas nacionales y continentales.

Siguen en orden cronológico *Un juego peligroso* (1966), de Ripstein también; *Presagio* (1974), del consagrado Luis Alcoriza; y *María de mi corazón* (1979), de un treintañero Jaime Humberto Hermosillo. También en ese año se filma su adaptación del libro de Daniel Defoe, *El diario de la peste*, bajo la batuta de Felipe Cazals y que llevó por título *El año de la peste*.

En Chile, colabora con Miguel Littin para la película *La viuda de Montiel* (1979), película que quizá tenga mayor relevancia que las mencionadas anteriormente ya que, en su versión cinematográfica, intentó respetar casi al pie de la letra el realismo mágico característico de los relatos de García Márquez.

En 1980 la directora sueco-venezolana Solveig Hoogesteijn filmaría *El mar del tiempo perdido* al mismo tiempo que Ruy Guerra, el gran director de origen portugués, nacido en Mozambique y adoptado por Brasil, incluye en el reparto a Claudia Ohana y a Irene Papas para la filmación de *Eréndira* con guión de García Márquez, estrenada en México en 1983.

Es en esta década cuando se da una mejora sustancial en los guiones que escribe. Sin embargo, su trabajo no es tan frecuente, pues su consolidación como novelista y gran voz literaria ya no tiene vuelta atrás. Es también en esta década cuando, apoyado por sus antiguos y compañeros del *Centro Sperimentale di Cinematografia* y el Comité de Cineastas de América Latina (C-CAL, fundado en 1967), dan pie a la creación de la Escuela Internacional de Cine y Televisión de San Antonio de los Baños. Ahí diseña e imparte el taller de guión Cómo Contar un Cuento.

En 1986, Jorge Alí Triana dirige su propia versión de *Tiempo de morir*, película que lo prepara para que diez años después, en 1996, realice la adaptación escrita por García Márquez de *Edipo Rey* de Sófocles, renombrada como *Edipo alcalde*. El filme conjuga el trabajo actoral de Jorge Perugorría con un oficio que tanto guionista como director llevan a un nivel que no era común ver en el cine latinoamericano en esos días, pues consiguen condensar en casi cien minutos una historia clásica, trasladarla a un lenguaje común que no depende ni se encierra en una frontera geográfica, por encima de esto renuevan un mito inherente a la condición humana y todo, con éxito.

Antes de abandonar la década de los ochenta debemos mencionar la primera intentona de internacionalizar el realismo mágico del autor. En 1986, Franceso Rosi filma *Crónica de una muerte anunciada* con mediocres resultados a pesar del enorme reparto que llevaba en los créditos y que incluía a Rupert Everert, Gian María Volonté e Irene Papas. No muy bien recibida por la crítica especializada, se hundió en el olvido y empezó a alimentar la lista de proyectos fílmicos basados o escritos por el mismo García Márquez que pasaron con más pena que gloria.

En esa ruleta de ires y venires, debemos mencionar el buen trabajo realizado para la serie *Amores difíciles,* inspirada en cuentos del colombiano y en la que quizá su mayor mérito sea haber logrado en cierta manera, a través de los directores –Ruy Guerra, Lisandro Luque, Tomás Gutiérrez Alea, Jaime Humberto Hermosillo y Jaime Chávarri– una unificación del concepto de cine latinoamericano, haber consumado aquella idea que lo perseguía desde la fundación del C-CAL, de un "universo común" para el cine de América Latina.

Cierra esta década una coproducción hispano brasileña de un recurrente de la obra de García Márquez: Ruy Guerra, quien filma *Me alquilo para soñar* en 1989.

Cabe mencionar que a pesar que la historia y las circunstancias pondrían en la mira de los realizadores latinoamericanos (o de cada cine, en su caso) temas diferentes y en algunos casos disímiles (por ejemplo el paso por las dictaduras militares, la alienación europeizante o la aberrante intervención norteamericana en la vida de los países de la región, y; en otros la condición sagrada de los pueblos de América, el mestizaje, la religión, la miseria y la decadencia), pareciera ser que hacia esta década la pluma de García Márquez y evidentemente la influencia que ejerció, funcionó como un crisol donde cupieron todos estos temas con un sentido armónico. Quizá de ahí sea posible que títulos tan disonantes como *Las Poquianchis* (Felipe Cazals, 1976) u *Hombre mirando al sudeste* (Eliseo Subiela, 1986) compartan sin ningún tipo de incomodidad la referencia latinoamericana y no sólo por el origen geográfico de las cintas, si no por la sólida *mirada hacia adentro* usada en el tratamiento de sus respectivos temas.

Los años noventa y el cambio de la geografía cinematográfica

En los años noventa, filmar cualquier película de corto o largometraje que tuviera la firma de García Márquez podía convertirse en el mejor trampolín para un joven director o en la consolidación para uno experimentado.

De ahí que fuera evidente que la obra de García Márquez seguiría llegando a raudales a la pantalla. Se sabe que incluso Akira Kurosawa, filmando *Dreams* (1990), se entrevistó con García Márquez para filmar *El otoño del patriarca*. El problema fue que el cineasta japonés deseaba hacer una adaptación íntegra del libro sin sacrificar una sola página. El proyecto se volvió incosteable y terminó en el cajón de los trabajos no filmados. Otros interesados en esta misma obra fueron en su momento Sean Penn y Antonio Banderas, pero tampoco pudieron ponerle el cascabel al gato que representa un reto tan complejo como este.

De sus obras filmadas en esa década vale la pena hacer una mención especial a *El coronel no tiene quien le escriba* (1999), de Arturo Ripstein. Para ese momento, Ripstein ya estaba consolidado como director y García Márquez como autor, novelista y voz literaria universal. Ripstein empezó su carrera como cineasta con un guión de García Márquez y 34 años después regresó para mostrar todo su oficio. Quizá ésta sea la mejor versión cinematográfica de un libro de García Márquez. Ripstein tiene el tacto no solamente para contar la historia, si no también de hacer una interpretación personalísima a la anécdota sobre la carencia, el abandono y la falta de reconocimiento. Con un Fernando Luján en quizá una de sus mejores interpretaciones, y una Marisa Paredes exacta, como sacada del cuento mismo.

El mayor mérito de esta cinta ha sido demostrar que un cine latinoamericano sí es posible. Que las historias que nos son comunes no pueden encerrarse en regionalismos ni en fronteras. Ripstein conjuga no sólo su oficio como director, pero también su poder de convocatoria, de la mano del bello relato de García Márquez. Aparentemente se encontraba una vía para lograr que Latinoamérica tuviera un cine común.

A la postre la geografía de cine mundial cambió radicalmente en la siguiente década con el avance feroz de los grandes estudios y el debilitamiento de los mercados internos en América Latina. Eso propició que el volver las obras de Gabo fuera un gran evento, accesible sólo para los grandes presupuestos.

Aún así, el trabajo de García Márquez como guionista no cesaría. En el año 2001 aparece la tierna película *Los niños invisibles* de Lisandro Duque Naranjo, que narra la historia de un grupo niños que sigue las instrucciones de un libro de magia para volverse invisibles, con el objetivo de ver a una mujer desnuda y acercarse a las chicas que les gustan.

En el año 2006, se estrena *Del amor y otros demonios,* película de la costarricense Hilda Hidalgo que pasó sin mucha fanfarria. También en ese año se filma *El amor en los tiempos del cólera* a la que el británico Mike Newell (Harry Potter and the Goblet of Fire, 2005) le otorga con cierto éxito, un sentido de internacionalización.

Cien años de cine

El más reciente esfuerzo por llevar a la pantalla grande una obra de García Márquez está en *Memoria de mis putas tristes,* quizá la más chabacana y torpe adaptación de alguna de sus obras. Resulta anecdótico que teniendo un guionista como Jean-Claude Carriere y un director experimentado como Henning Carlsen la película falle de principio a fin. Filmada a escondidas por la amenaza de una demanda por tratar el tema de la prostitución infantil con enorme ligereza, termina por ser un remedo de lo que de por sí es una obra menor en la literatura de García Márquez. Evidentemente el tiempo la pondrá en su justo lugar.

Por otro lado existen rumores de que Emir Kusturica realizaría en 2013 una adaptación de El otoño del patriarca, pero así como sucede con su película sobre Pancho Villa, nunca se sabe. Igualmente se maneja la idea de llevar a cabo una película sobre la vida García Márquez que tendría como director a Alfonso Cuarón.

¿Y la obra intocable?

Sobre *Cien años de soledad al cine*, nada. En ese tema Gabriel García Márquez hace bien en ser irreductible. Él mismo menciona la complejidad en adaptar esa obra al cine, respetar los tiempos literarios, la relación intrínseca de los personajes con el lector y del lector con los personajes, la personalísima forma de cada individuo que ha leído la novela de imaginar el encuentro con el hielo.

Es justo decir que el aporte de García Márquez al cine va mucho más allá de su trabajo como guionista o como fuente de historias. Un esfuerzo creativo pero al mismo tiempo unificador, visionario e inspiracional es el que rodea su relación con el cine. Resulta evidente que no todos sus trabajos sean bien logrados o exitosos, pero en su conjunto poseen el afán de buscar una voz que unificara al cine latinoamericano y esa voz se dejará ver en las películas que retomen sus guiones, sus cuentos, sus novelas. Gabriel García Márquez sumó sus letras a la de otros realizadores y nos enseñaron un cine posible, un cine con nombre y apellidos y eso, es es la herencia de un grande.

Me amarán cuando esté muerto o la maldición del genio

Morgan Neville presentó en el pasado Festival de Venecia el documental *They'll Love When I'm Dead*. En él explora los últimos quince años en la vida de Orson Wells, mismos quince años que el gran director invirtió realizando su última cinta, *The Other Side Of The Wind*.

La historia personal de Orson Wells es una que parece haber sido escrita por un guionista. Por un gran guionista. Reconocido como un genio desde muy temprana edad -aprendió a leer a los dos años e interpretaba sonetos de Shakespeare desde los cinco-, resulta casi imposible no tener la referencia del caos que provocó con su adaptación radiofónica de La Guerra de los Mundos, por ejemplo, para después pasar directamente al panteón de los grandes del universo cinematográfico a la edad de 25 con su primer película, Ciudadano Kane, considerada la película más influyente en la historia del cine.

No existe ningún director que cargue o haya cargado jamás con semejante responsabilidad ni al que se le haya exigido tanto. Superar Ciudadano Kane, tarea prácticamente imposible, fue la condena absoluta a la carrera de Wells. Después de otros grandes filmes como The Lady of Shanghai o Touch of Evil, la relación de Welles con el sistema de estudios de Hollywood se deterioraría al punto de sufrir daños irreparables. Orson terminaría exiliado en Europa por 20 años hasta que regresó para continuar en América su obra póstuma, Al Otro Lado del Viento.

Hablar del documental de Morgan Neville no es tarea fácil, en principio porque el documental no es precisamente un detrás de cámaras de la cinta de Welles ni pretende ser una narración simplona de los hechos. Para entender el documental tenemos que visitar la cinta de Welles, esa histérica metahistoria sobre el último día de vida de un director de cine que regresa de un exilio europeo para filmar su obra maestra. Así es, Welles es modelo, es premisa y es historia de su propia película y al mismo tiempo, el fracaso de ésta se convierte en modelo y premisa para el documental de Neville. Entonces el documental es, quizá de forma involuntaria, una extensión de la cinta o por ponerlo en términos narrativos, podría funcionar como un prólogo a una obra que se mantiene de pie por sí sola pero, que al contar con este elemento extra filmado décadas después, logra una solidez no manifiesta en otras cintas de Welles.

A pesar de los lazos naturales e inseparables entre ambas cintas, cabe destacar que el documental de Neville, narrado maravillosamente por Alan Cumming, abre la puerta para que nos acerquemos a temas fundamentales en la vida y obra de Welles, como su obsesión por la traición, la mentira y las dobles historias, su relación personal con la muerte y los legados, y su inquietante visión acerca del fracaso y los finales felices.

Ahí es donde se encuentra el logro mayor de este trabajo, pero sin duda alguna, lo que hace que esta cinta se coloque aparte de cualquier otro trabajo sobre Orson Welles, y es que al ver The Other Side of The Wind, aparece frente a nosotros una fantasmagórica tesis generada por la enorme personalidad e inigualable visión

de Welles: quizá el mismo provocó el fracaso de su
película, porque la única forma de terminarla era así, a
través de un documental que hablara de él haciendo una
película que es un documental sobre un director de cine,
personaje basado en él mismo filmando su obra maestra,
convirtiendo de esa manera su propia película, en una
obra maestra. Genio.

Si fuese así, si esta tesis resultara cierta, no cabe duda que
estaríamos ante la mente más brillante que nos haya dado
la cinematografía universal.

Joker o el payaso que todos llevamos dentro

"Y caminando en la otra acera, enfrente de mí, paseó la honestidad su decoro y la cordura su prudencia; pero del coraje de los humildes surgirá un día el terremoto y entonces, no quedará piedra sobre piedra".

La vida inútil de Pito Pérez, de José Rubén Romero.

La sociedad nos rompe. Irremediablemente va golpeándonos a lo largo de los años para pulir, quitarnos las aristas y domesticarnos, hacernos caber en el molde que tiene preparado para cada uno de nosotros. Nos pide, a veces de formas extremadamente sutiles, que hablemos de cierta manera, que nos vistamos de acuerdo a ciertos criterios, que nos comportemos en cierto tenor, que actuemos basados en un principio común y bajo las cláusulas de un contrato social con el cual, se supone, estamos de acuerdo. Nosotros, para formar parte de esta sociedad, aceptamos limitar nuestras libertades hasta el punto donde no interfieran negativamente con las de los demás y a cambio de ello, obtenemos del Estado (es un decir) seguridad, salud y educación dignas. Gracias a esas certezas, la mayoría soportamos las fracturas, pues recibimos a cambio un bien mayor.

Pero si un individuo o grupo de individuos miembros de la sociedad rompen ese pacto, digamos, apropiándose ilegalmente de un bien ajeno, el Estado tiene la obligación de perseguir esa falta y buscar justicia junto con la reparación del daño. Para lograr eso, el Estado se reserva el derecho y la obligación del exclusivo uso de la fuerza y de la impartición de la justicia. Es así de simple.

El estado es el órgano rector. El vigía del pacto. El problema viene cuando es el Estado el que rompe con ese contrato y abandona al resto de los miembros de una sociedad a su suerte y no existe ninguna manera en la que esa sociedad en su conjunto pueda recuperar la paz y la seguridad por medios tradicionales.

En ese escenario, en el colapso del Estado imaginario llamado Ciudad Gótica, es desde el cual Todd Phillips toma el reto de reconstruir a uno de los personajes más fascinantes del universo del cómic y la novela gráfica, *The Joker*. Ligado eternamente a Batman, parte del reto creativo era precisamente ese: contar una historia que fuera exclusivamente del hombre detrás del villano por excelencia.

Detrás de este esfuerzo Joaquin Phoenix toma la bandera y logra, sin asomo de duda, una de las actuaciones más escalofriantes y épicas de la década. De su mano, Joker logra pasar, gracias al poderoso guión del propio Phillips y de Scott Silver (quien ya nos había regalado una joya en T*he Fighter*), de un perturbado y enfermo hombre común, absorto en la cotidianidad de la barbarie que le rodea en una ciudad para la cual es invisible, a la encarnación misma del mal, donde confluyen todas las fallas sistemáticas del hombre y su sociedad. Salvo que este es un mal alejado completamente de la caricatura que solo refleja el antagonismo con el héroe salvador. Acá, Joker es el héroe, porque nace de la furia y la rabia de los olvidados, los más pobres, los que nadie quiere y todos rechazan. Joker tiene una razón (solo quiere amar, ser amado y llevar alegría a los demás) y a pesar de su constante esfuerzo por encajar en una sociedad que lo desprecia, no recibe más que rechazo y violencia.

Completamente apolítico, su causa se vuelve una amalgama para una sociedad que se cae a pedazos y él mismo, un símbolo de la suprema justicia para aquellos a quienes se les ha arrebatado todo.

Imposible no notar los guiños con Travis Bickle, el antihéroe más entrañable de los setenta, personaje al que le diera vida Robert de Niro (presente también en Joker) en la irrepetible Taxi Driver. Dos caras de una misma moneda bajo la genial mirada y toque de Martin Scorsese (quien arrancara el proyecto de Joker como productor ejecutivo) y que plantean en un momento oportuno de la historia de la humanidad la urgencia de atender la desigualdad y el enorme abismo que divide a las sociedades contemporáneas. Pero sobre todo, de hacerlo antes de que salga de cualquiera de nosotros el payaso que llevamos dentro y termine parafraseando por las calles incendiadas al mágico y trágico Pito Pérez.

El 7 de septiembre de 1987 como cada mes, la tertulia convocada por el conocido en chunga como *Ateneo de Angangueo*, fundado entre otros por Iván Restrepo, ese economista mexicano pionero de la sustentabilidad y la preservación del medio ambiente, atrajo a un invitado especial: el entonces Secretario de Programación y Presupuesto, Carlos Salinas de Gortari.

A la comida asistieron Benjamín Wong Castañeda, Margo Su, Gabriel García Márquez, Elena Poniatowska, Miguel Ángel Granados Chapa, Carlos Monsiváis, León García Soler y Héctor Aguilar Camín. En una de las fotos del evento, capturadas por la lente de Pedro Valtierra, aparece también un personaje misterioso: una muñeca tetona cuya identidad desconocida sería, gracias a las redes sociales y casi 30 años después, la excusa para el documental de los directores regiomontanos Diego Osorno y Alejandro Aldrete.

La anécdota funciona a la perfección. En 25 minutos que resultan puntuales y suficientes para hacer las preguntas necesarias, el documental pone en la mesa un tema fundamental: el clientelismo en el mundo intelectual.

Ningún país de América Latina tiene la estructura o el presupuesto destinados a la cultura, similar al que posee nuestro país. Un reino de becas, apoyos, partidas especiales en los congresos estatales y en el congreso federal, subsidios a proyectos editoriales, de investigación y un largo etcétera, han hecho ley la máxima porfirista que debe ser el gobierno el que patrocine y aliente a la clase intelectual. Fue con Carlos Salinas de Gortari como Presidente de la República que ese andamiaje se consolidó y sigue funcionando como lo conocemos hasta el día de hoy.

Aunque es vital el debate acerca de lo positivo o negativo de este sistema, también vale la pena retomar como plataforma de un nuevo análisis el momento histórico en el que vivimos y de dónde viene y hacia dónde nos dirige esta relación con el poder, pues resulta evidente que es necesaria una sana separación con aquellos que ejercen el poder para ser criticables.

No es asunto menor anotar que fueron las acciones de Salinas las que hoy en día son el gran lastre de nuestro país y que representan el triunfo del capitalismo de los cuates y no del capitalismo humanista que tanto prometió y, que fueron acciones que una camada de brillantes intelectuales mexicanos defendieron a capa y espada. Mismos intelectuales que hoy día hacen la corte al candidato puntero en las encuestas.

Le respondió Octavio Paz a Carlos Salinas a propósito de la invitación a celebrar su premio Nobel con una serie de eventos en todo el país: "Siempre he pensado que las relaciones entre el poder público y el escritor deben ser a un tiempo respetuosas y distantes. El escritor tiene que conservar su arisca independencia".

Es 2018, y la sustitución del intelectual público por el opinólogo, por el meme y por la diarrea de odio y carente de idea y fundamento en twitter y otras redes sociales entre candidatos y sus defensores cala y cala hondo. Con la jornada electoral más importante en la historia del país (por ahora) frente a nosotros, es triste pensar que el intelectual mexicano abdicó de su responsabilidad crítica y dejó de ser un verdadero contrapeso a las estructuras del poder.

Gane quien gane en esta elección, ojalá que más películas como La muñeca tetona nos pongan frente al espejo y que seamos capaces de redefinir la vocación de la creación cultural en aras de aportar a la creación de un mejor país.

La libertad del diablo o el rostro de la esperanza

Abordar un tema tan complejo como la tragedia que vive este país producto de la violencia ocasionada por el crimen organizado y su combate institucional siempre resulta riesgoso. Por un lado se puede caer casi sin darse cuenta en la complaciente versión que se ha repetido a todas horas y en todos los sitios la cual establece un eje único del problema entre gobierno y crimen organizado y por otro, se puede llegar fácilmente a la desinformación desbordada en teorías locuaces y efectistas que nada aportan ni resuelven.

Everardo González, sin embargo, logra a través de *La libertad del diablo* (2017) una de las reflexiones más serias e impactantes de las que se tenga memoria en este tema y esto no es gratuito. Desde sus primeros trabajos como en La canción del pulque o en Los ladrones viejos, Everardo mostró un ojo punzante, crítico, dotado de la capacidad de ver por encima del tema y con una enorme capacidad y agudeza para realizar las preguntas (visuales) correctas.

Era evidente que ante un tema de semejante calado se necesitaba un acercamiento distinto. Everardo entonces decide cubrir los rostros de víctimas y victimarios, de marinos, de soldados, de sicarios, de policías, de madres de familia, de huérfanos con una máscara de tela color piel que crea un doble efecto: al volver similares los rostros nos aleja de la parafernalia del drama gratuito y al mismo tiempo nos sumerge en el dolor personal. En este doble juego nos hace ver y prestar atención a los dos lados de una moneda que vuelve transparente. Deja a sus sujetos hablar de situaciones particulares y nos permite establecer conexiones emocionales entre víctimas y victimarios y, al mismo tiempo nos da la oportunidad de contemplar en esta narración de memorias cómo esta violencia sistemática se alimenta de la impunidad, la corrupción y la desigualdad y al mismo tiempo nos deja ver cómo crece bajo la sombra de la indiferencia.

Todos tenemos un muerto cercano producto de esta guerra, y esta circunstancia se reproduce en el documental de manera silenciosa a medida que avanza la narración. Víctimas y victimarios bailan un vals mortal donde el gobierno, la prevalecencia del estatus quo y las organizaciones criminales tocan la música que bailamos todos. Por eso resulta demoledor escuchar el testimonio de un joven sicario, escucharlo hablar de su primera ejecución y no poder entender los motivos que nos da para optar por una carrera criminal. Por eso resulta demoledor escuchar a un par de hermanas preguntarse si aún tienen miedo o si eso también les fue robado. Por eso resulta demoledor la manera que Everardo elige cerrar el documental, porque nos desnuda, nos enfrenta, nos iguala y en eso radica el gran valor del trabajo que vemos: en la posibilidad de demoler, derribar lo que se ha normalizado, esa indiferencia que se nutre de los números interminables de muertos, de desaparecidos, de desplazados, de mutilados que crecen día a día y pareciera que es el único dato que atañe a los noticieros.

La libertad del diablo apela a la memoria inmediata y a la cicatriz abierta, pero sobre todo apela a la compasión por las víctimas y a la compasión por los victimarios. Nos hermana en la causalidad de la tragedia del otro que se vuelve propia porque es cercana y usa el mismo idioma de desasosiego y sinrazón. Desde ahí nos habla y nos habla tan claramente que es imposible que sus imágenes y sus silencios no sigan en nuestra cabeza muchos días después.

Con esta película Everardo González le pone un rostro único a la tragedia pero también a la esperanza, un rostro que es el mío, el tuyo, el de un país entero.

La Favorita o la virtud y el vicio

Hace un tiempo que acercarse a las redes sociales dejó de ser la oportunidad de entablar una conversación productiva con extraños acerca de algún tema en particular. Al principio de su vida útil, twitter por ejemplo, era una plataforma donde lo mismo convivían los micropensamientos de algunas de las mentes más brillantes de la ciencia, por dar un ejemplo, junto con un par de premios Nobel, futbolistas, estrellas de la farándula y nosotros los comunes. De alguna manera todos cabíamos en la conversación y la conversación era un pequeño placer que se sostenía con argumentos más o menos claros. Pero ese placer se ha desvirtuado en un extrañísimo y repugnante sinfín de basura verbal, odio, ataques sin sentido o fundamento, apreciaciones falsas, mentiras, verdades a medias, dobles intenciones, bots, venganzas personales y grupales y un larguísimo etcétera con lo peor que el anonimato cibernético puede sacar de los seres humanos. Ingenuo esperar que siguiera por ese rumbo. El vicio, el veneno y la estupidez reinan.

Ahora, si creemos que ese estado de las cosas es particular de esta época, basta con echar una mirada a la nueva cinta de Yorgos Lanthimos, The Favourite, la cual a través de una punzante, bizarra y fantástica mirada nos cuenta una historia que más que sentirse lejana en el tiempo parece sacada de cualquier timeline de cualquier red social hoy en día.

Es la corte de la reina Ann (Olivia Colman, impresionante) y a pesar de sus crónicos padecimientos físicos y emocionales logra mantener el reino más o menos funcional gracias al apoyo y talento de la duquesa de Marlborough (Rachel Weisz, aterradora). La llegada de una prima de la duquesa caída en desgracia (Emma Stone, mejor que nunca), dará pie a una lucha intestina por el poder en la corte, triángulos emocionales donde el odio, el asco y el amor son la misma cosa, las estrategias políticas validan cualquier acto en la búsqueda del bien y el bien mayor es confundido con la satisfacción personal gracias a la adicción a las cosas buenas de la vida y al indomable deseo de ser más.

Lanthimos vuelve a hacerlo. Igual que lo hizo en *La Langosta* y *El Sacrificio del Ciervo Sagrado*, desmenuza cada una de las escenas para mostrarnos la desgracia humana oculta detrás de la fachada. Hace amague de un texto maravilloso para restregarnos en la cara las atrocidades que suceden detrás de las puertas de las recámaras del palacio mientras los mortales, los de a pie, hacemos cuentas para llegar al fin de mes. Sin ninguna consideración nos une a través de la miseria de nuestra propia humanidad y nos hace comunes con los poderosos, nos hace viajar de las cloacas de la estructura social para luego encumbrarnos en la cúspide del privilegio solo para mostrarnos que el sufrimiento, la capacidad de ser miserables, de ser viles, de ser lo peor que podemos ser es tan latente y posible como es posible lo contrario. La circunstancia nos forja, la supervivencia es el único fin.

Es en este torbellino de excesos, mentiras e insatisfacciones, donde la condición humana se instala tan cómodamente que las imágenes dejar de parecernos una locura. La incomodidad y la repulsión dan paso un genuino apego hacia los personajes. El sufrimiento ecualiza a las clases sociales y las acciones dirigidas a terminar con ese sufrimiento carecen de un juicio moral. Comamos hasta vomitar porque no hemos comido, follemos hasta sangrar porque no hemos follado, luchemos hasta matar por lo que nos pertenece porque no nos han dejado vivir como merecemos. Yorgos nos expulsa de nuestra ingenuidad y nos muestra el reflejo de nuestro lugar en la corte.

La película aborda con maestría temas urgentes y necesarios, y aunque lo hace desde la más negra de las comedias, su capacidad para el montaje, para el arrojo dramático en sus actores y la sutileza con que nos deja terminar las frases (visuales, musicales, verbales) hacen de esta película una durísima y fascinante crítica a nuestra condición actual.

No sé si regresaré activamente a twitter algún día o me mantendré como curioso espectador. Aunque debo confesar que me encantaría que la reina Ann tuviera un usuario que fuera algo así como "BunnyMamma" y su descripción de perfil fuera *"I like it when she puts her tongue inside me"*. Sería una cuenta que definitivamente valdría la pena seguir.

La negrada o la ironía de ser invisible

*"Cuando hay hambre y necesidad
no hay prohibición que valga.
Así que ve y dile a tu pinche negro
que traiga una tortuga."*

*"-¿Cuál es el colmo de un negro costeño?
-Pues ser invisible."*

Hay una realidad irrefutable en el cine nacional: no hay actores negros. Por alguna razón, sea intencional o no, esa puerta que hasta hace poco permaneció cerrada para intérpretes como Yalitza Aparicio o Tenoch Huerta (los mas visibles de descendencia indígena) sigue cerrada para actores negros. De los 1.8 millones de afrodescendientes mexicanos no hay uno solo que pertenezca al exclusivo club de quienes cuentan nuestras historias en el cine y que en su inmensa mayoría pertenecen a una minoría blanca y privilegiada (¿?) de apellidos como Bernal, Luna, Ochman, Boneta, Serradilla o Talancón.

Aclaro, pertenecer a una minoría blanca no extirpa ni cancela en absoluto el derecho de nadie a ser actores o actrices y ser fantásticos haciéndolo ni tampoco les resta un gramo de mexicanidad, pero el fenómeno de la ausencia absoluta de este otro grupo social habla terriblemente mal de los creadores del cine mexicano por el hecho de que no exista un solo asomo o intento por otorgarle visibilidad a una comunidad que ha sido invisible durante siglos y que en las pantallas no es rentable.

Por eso *La Negrada* es una bocanada de aire fresco. Su paso por el circuito festivalero y su escasa presencia en las pantallas comerciales no le han impedido colocarse en la plataforma de streaming de Amazon. Su director, Jorge Pérez Lozano (*La tirisia*, 2014 y *Espiral*, 2009) logra contar una bella historia enmarcada en la costa chica de Oaxaca.

Neri, un pescador de un poblado cercano a Pinotepa Nacional tiene una relación -aceptada en su entorno- con dos mujeres, su esposa Juana, convaleciente en el hospital por un cáncer, y su amante Magdalena. Ambas comparten la presencia y los afectos de Neri y Magdalena, a pesar de saber exactamente su lugar en la relación, espera que a la muerte de Juana, Neri le proponga matrimonio.

Más allá de la simplicidad de la historia, cabe resaltar dos aspectos importantes de la cinta. El primero radica en el intrincado proceso social en el que se desenvuelven los personajes. La presencia constante del racismo y la discriminación como un elemento mas en el cotidiano de la costa chica abruma y entume. Nos paraliza. Comunidades enteras hundidas en una lucha diaria entre el misticismo religioso, la carencia de acceso a servicios públicos de calidad, la total ausencia de movilidad social, la pobreza nauseabunda que vista desde afuera se retrata como folclor, pero sobre todo, la invisibilidad absoluta que hace de esta comunidad una de las más vulnerables en el país.

El segundo aspecto está en el recurso fotográfico para contarnos la historia. Postales de una plasticidad y una estética que van más allá del mero simplismo embriagador que retrata la miseria. Porque aquí se constituye en un diálogo que utiliza la imagen como un canvas, o más bien como una inmensa pared que permite la creación de una gráfica, de un mural cinematográfico de una profundidad llena de contrastes. Y en medio de todo esto surgen las manifestaciones amorosas, las coplas negras a la salud del refrigerador nuevo, la canción que se canta para no olvidarse del color de la piel, para tallar la vergüenza, la humillación y la infamia.

La película esta lejos de ser perfecta en cuanto a tecnicismos. Los acentos costeños y la carencia de oficio actoral pueden sonar simpáticos para la gran audiencia mestiza. La experiencia de la negritud en México de la cinta puede quedarse un poco corta es sus alcances visuales y quizá el drama pudo ir en un sentido distinto. Pero la realidad es que todo eso no importa, y no importa porque el hecho de que exista un cine que incluya, que convierta en memoria colectiva una parte que estaba tan oculta de lo que somos como país, que era invisible, es para abrazarse y aplaudirse.

Las niñas bien o la radiografía del vacío

México es un país esquizofrénico. Es dos cosas al mismo tiempo. Es rico, moderno, pujante, innovador, vanguardista, liberal y también es pobre (paupérrimo), retrasado, estancado, torpe, retrógrada, machista, inseguro y conservador. Desde que este país es el país que reconocemos como nuestro, vive gobernado por una minoría que durante un par de centurias se ha negado a abandonar ese exclusivo club del poder y de la influencia. Intocable e inalcanzable, ese grupúsculo que se sabe poderoso se pasea a sus anchas por el territorio nacional (y otras veces por NY, Milán, Londres y por supuesto por la madre patria, España) ignorando leyes y peor aún, al resto de la gente.

Desde ese tenor histórico, el cine hecho en México siempre ha sido un cine de contrastes: o contrapone sus clases sociales para destacar las virtudes y defectos de cada una de ellas (*Los Miserables*, para empezar la lista) o es un cine puramente indigenista (festivalero como *Roma*, histórico como *Nazarín*, la mayor parte del tiempo simplista como *Tizoc*).

La elección personal del autor o del productor se debate mayoritariamente entre la búsqueda del éxito económico o del éxito personal y esa ansiedad le ha quitado al discurso del cine nacional fuerza y verdad.

Pero luego a veces suceden cosas maravillosas en las pantallas como *Las Niñas Bien*, película de Alejandra Márquez Abella, directora capaz y con el ojo finamente educado que se lanza a la enorme tarea de ofrecernos una radiografía del vacío, del hueco, de la nada que hay detrás de esa élite que vive en el México serie A.

Basada en los personajes y relatos de Guadalupe Loaeza, Márquez Abella disecciona brillantemente la miseria del privilegio en plena crisis de 1982 y al hacerlo, permite que el tufo del Chanel No.5 y las finas atenciones del Palacio de Hierro se mezclen con la hipocresía de los desayunos en el club, la rabia de una tarjeta de crédito que no pasa, el Grand Marquis color champagne de regalo de cumpleaños y las fantasías eróticas con Julio Iglesias.

Una clase social que fundamenta su valía en la posesión, el lujo, el dinero y el alcance sin importar cómo llegue todo ello, pero que teme día y noche que se vaya de repente. Cuando el golpe fulminante llega producto de las mañas de otros como ellos pero que están más arriba en la cadena alimenticia, nuevas palabras aparecen en sus vidas. Tienen que aprender a conjugar los verbos deber, trabajar, embargar. Yo debo, tu trabajas, el embarga. Nosotros no tenemos nada.

Cuadros poderosos fotografiados con tacto, pulcritud y harto talento por Dariela Ludlow. Cuadros que no dan lugar a la empatía, acaso al asombro. Cuadros que no permiten sentir lástima fácil, pero sí abren la puerta al entendimiento. Porque hacer una crítica cinematográfica al rico blanco privilegiado mexicano puede resultar tan pueril como *Nosotros los Nobles* o tan básico como *Mirreyes vs Godinez*. Pero rescatar la humanidad de personajes que vistos desde el piso de abajo no parecen humanos para mostrarlos vulnerables, atribulados, capaces de sufrir (aunque sea por la pérdida de la acción del club campestre) permite una óptica distinta, ayuda a regresar al tema importante, al que dentro del apremio de las balas y de los cientos de problemas que tiene este país se viene gritando desde hace decenios: la desigualdad.

Cuando la brecha de la desigualdad se cierre (un poquito, para empezar), quizá podremos alcanzarnos unos a otros, y no solamente vernos desde lados opuestos del abismo. Como dice el personaje de Ana Paula (Paulina Gaytán, gracias porque por fin la dejaron actuar): "Todas queremos ser princesas, no solo ustedes." Y desde esa verdad puede resumirse el ideal de todos los demás, pues todos los demás, la mayoría que forma este país, queremos algún día, dejar de vivir en la incertidumbre, en la zozobra, en la ausencia de futuro.

Película lograda y con discurso potente. Película con voz propia (femenina, por supuesto y cómo se agradece). Película que no pueden dejar de ver.

Pulp Fiction o la pérdidas inevitables

En la edición de 1994 del Festival de Cannes, Quentin Tarantino se quedó con la palma de oro y al mismo tiempo ocasionaba una grieta, una línea divisoria definitiva en lo que en aquel entonces llamábamos cine contemporáneo. Ya desde *Reservoir Dogs* había quedado claro que Tarantino se iba a convertir en el marco referencial para definir la ruptura, el nuevo cine de autor y el cine independiente y, al mismo tiempo, era Quentin en sí mismo, junto con su cine la mejor escuela a la que podíamos acudir quienes aspirábamos en aquel entonces a hacer películas.

Después de ese año, todo empezó a cambiar radicalmente. Nos empezamos a fijar en otras cosas al momento de ir al cine. Ya no solo importaba la estética, la foto, el soundtrack o la hechura del guión. En el proceso de las cosas que queríamos contar, ahora importaba también la intención, la postura que como realizadores tomáramos antes los acontecimientos. Importaba sobre todo eso: el discurso.

Con mi amigo Pepe Marcos discutimos infinidad de horas acerca de los modos de llegar a ese discurso, hablamos sobre los diálogos, los emplazamientos de cámara, los alcances de la violencia en el cine, la propuesta o no detrás de esa violencia y de la importancia de la jerarquizar visualmente los elementos en la construcción dramática. Hablábamos también del uso del teatro como ejercicio dramático, del valor de dominar de forma experta el trazo escénico, del uso fundamental de las sombras y de los silencios.

Estábamos en la carrera de comunicación y en nuestra materia de producción de cine hicimos juntos varios ejercicios. En uno de ellos tropicalizamos la famosa escena de la hamburguesa *"royale with cheese"* y la cambiamos por *"trompo con piña"*. Luego fuimos perdiendo el miedo a escribir diálogos y fue Pepe quien empezó a grabar conversaciones al azar para entender el ritmo, la fluidez, la entonación para después reproducir esos diálogos en sus trabajos.

Ambos dirigimos teatro y dirigiendo teatro yo le asistí. Escribió una obra llamada Eva, que contaba la historia del joven Dr. Frankenstein creando una compañera femenina para su monstruoso Prometeo para después terminar enamorado de ella.

Todos los que participábamos en esos experimentos éramos aún estudiantes pero Pepe tenía esa aura alrededor de aquéllos que saben exactamente lo que están haciendo. Un día le pregunté al respecto y me respondió que no tenía idea, que sólo hacía lo que creía que estaba bien.

Antes de graduarnos trabajamos juntos de nuevo en otro proyecto suyo que a la postre sería su tesis. Escribió y dirigió los primeros episodios de una serie para TV que se llamó "Labor de Amor". Un proyecto escolar que para nosotros fue nuestro manifiesto, nuestro propio Reality Bites, nuestro Singles local.

Al tiempo Pepe se mudó a Arizona y cambió la búsqueda del cine por una batalla más noble y más humana: la educación ambiental. Los que seguimos en el aferre cinematográfico, sin embargo, llevamos cerquita de nosotros (yo, al menos) las lecciones más fundamentales del quehacer audiovisual gracias a las experiencias compartidas con él.

Pepe es de esos grandes amigos que descuidé por la distancia, por los años, por cualquier otra excusa absurda que debería quedar fuera del guión de la vida. Pepe Marcos murió ayer y yo voy a lamentar siempre no haber abrazado otra vez a ese gigantón de corazón de dinosaurio. Al rato voy a ver Pulp Fiction de nuevo. Si las lágrimas me dejan, pues.

Este libro se terminó en la ciudad de Los Ángeles,
California, el 8 de diciembre del año 2023.
Todos los derechos reservados por al autor.

www.ingramcontent.com/pod-product-compliance
Lightning Source LLC
Chambersburg PA
CBHW031308250726

48656CB00005B/1696